# GRAIKŲ KALBA: KIEKVIENA DIENA RECEPTAI SU GRAIKIŠKOMIS ŠAKNIMIS

Mėgaukitės graikų virtuvės esme per 100 receptų

Gabrielius Makreckas

Autorių teisių medžiaga © 2024 m

Visos teisės saugomos

Jokia šios knygos dalis negali būti naudojama ar perduodama jokia forma ar bet kokiomis priemonėmis be tinkamo rašytinio leidėjo ir autorių teisių savininko sutikimo, išskyrus trumpas citatas, naudojamas apžvalgoje. Ši knyga neturėtų būti laikoma medicininių, teisinių ar kitų profesionalių patarimų pakaitalu.

# TURINYS

**TURINYS** ........................................................................................................ 3
**ĮVADAS** ......................................................................................................... 6
**GRAIKIEJI PUSRYČIAI** ................................................................................ 7
   1. Graikiškas omleto troškinys ............................................................... 8
   2. Graikiško sūrio pyragas su riešutais ir medumi ............................ 10
   3. Viduržemio jūros pusryčių dubuo ................................................... 12
   4. Graikiškas avokadų skrebutis ........................................................... 15
   5. Viso grūdo skrebučiai su avokadu ir kiaušiniais ............................ 17
   6. Graikiška kiaušinienė ......................................................................... 19
   7. Graikiški kepti kiaušiniai su bulvėmis ir feta ................................. 21
   8. Graikijos sezamo duonos žiedai ...................................................... 23
   9. Graikiški pusryčiai Ladenija ............................................................. 25
  10. Graikiškų pusryčių ryžių pudingas (Rizogalo) ............................. 27
  11. Graikiški pusryčių kiaušinių bandelės .......................................... 29
  12. Graikiškų pusryčių kiaušinių keptuvė su daržovėmis ir feta ..... 31
  13. Graikiški pusryčiai Pitas .................................................................. 33
  14. Graikiškojo jogurto parfė ............................................................... 35
  15. Viduržemio jūros omletas .............................................................. 37
  16. Špinatų ir fetos pusryčių įvyniojimas .......................................... 39
**GRAIKŲ UŽKANDŽIAI** ............................................................................ 41
  17. Graikiškas Tzatziki Dip ..................................................................... 42
  18. Graikiškas keptas sūris .................................................................... 44
  19. Graikiškos bulvytės .......................................................................... 46
  20. Graikiškas Feta Dip ........................................................................... 48
  21. Viduržemio jūros vaisių salotos .................................................... 50
  22. Kalmarai su rozmarinų ir čili aliejumi .......................................... 52
  23. Graikiškas baklažanų padažas ....................................................... 54
  24. Graikiški Spanakopita Spring Rolls ............................................... 56
  25. Graikiški tortilijos pinwheels ......................................................... 58
  26. Graikiškų įdarytų agurkų kąsneliai ............................................... 60
  27. C traškios bulvės su prieskoniais .................................................. 62
  28. Graikiškos salotos Cracke r ............................................................ 64
  29. Graikiškos pitos duonos kąsneliai ................................................ 66
  30. Graikiški cukinijų rutuliukai (Kolokithokeftedes) ....................... 68
  31. Baklavos energijos įkandimai ........................................................ 70
  32. S krevetės gambas ........................................................................... 72
  33. Viduržemio jūros regiono įkvėptas takų mišinys ...................... 74
  34. Datulių ir pistacijų kąsneliai .......................................................... 76
  35. Baklažanai su medumi .................................................................... 78
**GRAIKŲ PIETŪS** ....................................................................................... 80

36. GRAIKIŠKOS KLASIKINĖS CITRININĖS BULVĖS ... 81
37. GRAIKIŠKOS SALOTOS ... 83
38. GRAIKIŠKA VIŠTIENOS GIROSAS ... 86
39. GRAIKIŠKI MĖSOS KUKULIAI ... 88
40. ĮDARYTI GRAIKIŠKI PIPIRAI ... 90
41. GRAIKIŠKA PUPELIŲ SRIUBA ... 92
42. GRAIKIŠKOS SKRUDINTOS ŽALIOSIOS PUPELĖS ... 94
43. GRAIKIŠKA LĘŠIŲ SRIUBA ... 96
44. GRAIKIŠKA AVINŽIRNIŲ SRIUBA ... 98
45. GRAIKŲ SOUVLAKI ... 100
46. GRAIKIŠKA JAUTIENOS IR BAKLAŽANŲ LAZANIJA (MOUSSAKA) ... 102
47. VIDURŽEMIO JŪROS AVINŽIRNIŲ SALOTOS ... 104
48. CITRINŲ ŽOLELIŲ VIŠTIENA SU KVINOJA IR PERSIKAIS ... 106
49. GRAIKIŠKŲ SALOTŲ ĮVYNIOJIMAS ... 108
50. VIDURŽEMIO JŪROS KVINOJOS SALOTOS ... 110
51. VIDURŽEMIO JŪROS TUNO IR BALTŲJŲ PUPELIŲ SALOTOS ... 112
52. KALMARAI IR RYŽIAI ... 114

# GRAIKŲ VAKARIENĖ ... 116

53. GRAIKIŠKI ĮDARYTI VYNUOGIŲ LAPAI ... 117
54. GRAIKIŠKAS KEPTAS ORZO ... 119
55. GRAIKŲ SPANAKOPITA ... 121
56. GRAIKIŠKI SŪRIO PYRAGAI (TIROPITA) ... 124
57. GRAIKIŠKAS LĖTAI VIRTAS ĖRIENOS GIROSKOPAS ... 126
58. GRAIKIŠKOS AVIENOS ĮDARYTI CUKINIJOS ... 128
59. GRAIKIŠKAS ĖRIUKAS KLEFTIKO ... 130
60. AVIENOS KOTLETAI SU PRIESKONIAIS SU RŪKYTAIS BAKLAŽANAIS ... 132
61. GRAIKIJOS ABORIGENAI IR ĖRIUKAS PASTICCIO ... 134
62. GRAIKIŠKOS ŽALIOS SALOTOS SU MARINUOTA FETA ... 136
63. GRAIKIŠKAS ĖRIUKAS PITAS ... 138
64. VIDURŽEMIO JŪROS KEPTA LAŠIŠA ... 140
65. VIDURŽEMIO JŪROS KVINOJA ĮDARYTOS BULGARINĖS PAPRIKOS ... 143
66. VIDURŽEMIO JŪROS LĘŠIŲ IR DARŽOVIŲ TROŠKINYS ... 145
67. ANT GROTELIŲ KEPTOS DARŽOVĖS IR HALLOUMI IEŠMAI ... 147
68. VIDURŽEMIO JŪROS KREVEČIŲ IR ŠPINATŲ TROŠKINYS ... 149

# GRAIKIJA VEGETARAS ... 151

69. GRAIKIŠKAS JACKFRUIT GYROS ... 152
70. GRAIKŲ VEGANŲ SKORDALIA ... 154
71. GRAIKIŠKOS ORZO MAKARONŲ SALOTOS SU VEGANIŠKA FETA ... 156
72. GRAIKIŠKAS AVINŽIRNIŲ GIROSKOPAS ... 158
73. GRAIKIJOS VEGETARAS MOUSSAKA ... 160
74. GRAIKIŠKOS KEPTOS CUKINIJOS IR BULVĖS ... 162
75. GRAIKIŠKI VEGETARIŠKI RYŽIAI ... 164
76. GRAIKAS GIGANTES PLAKI ... 166

77. Graikiški pomidorų troškiniai .......................................................... 168
78. Graikiški avinžirnių pyragaičiai ....................................................... 170
79. Graikiškas baltųjų pupelių troškinys .............................................. 172
80. Graikas vegetaras Bamie s ............................................................... 174
81. Graikiški ant grotelių kepti daržovių dubenys ............................. 176
82. Daržovių rutuliukai su Tahini citrinų padažu ............................. 178
83. Graikiškos keptos daržovės ............................................................... 180
84. Graikiškas A ube igine ir pomidorų troškinys ............................. 182
85. Graikiškas avokadas Tartine............................................................. 184
86. Graikiški špinatų ryžiai ..................................................................... 186
87. Graikiška Avgolemono sriuba ......................................................... 188
88. Graikiškas daržovių pitas ................................................................. 190

# GRAIKIŠKAS DESERTAS .......................................................... 192

89. Graikiški sviestiniai sausainiai ........................................................ 193
90. Graikiškas medaus sausainis s ........................................................ 195
91. Graikiškas riešutų pyragas ............................................................... 197
92. Graikų Baklava ................................................................................... 199
93. Malonus ananasų kremas ................................................................. 201
94. Graikiškas apelsinų pyragas ............................................................. 203
95. Graikiškos spurgos (Loukoumades) ............................................. 205
96. Graikiškas pieno varškės pudingas ................................................ 207
97. Graikiškų migdolų sirupo pyragaičiai .......................................... 209
98. Graikiškas migdolų tešlos pyragas ................................................. 211
99. Graikijos apelsinų žiedai Baklav a ................................................. 213
100. Graikiškas medus ir rožių baklava............................................... 215

# IŠVADA ........................................................................................ 217

# ĮVADAS

Įeikite į saulės nubučiuotą Viduržemio jūros regiono skonių pasaulį ir įsijauskite į graikų virtuvės esmę su „Graikiška: kasdieniai receptai su graikiškomis šaknimis". Šioje kulinarinėje kelionėje kviečiame pasimėgauti turtingu skonių gobelenu, kuris apibūdina graikišką maistą – išskirtinį tradicijų, gaivumo ir gyvybingos Egėjo jūros dvasios sintezę. Šioje kulinarijos knygoje, kurioje yra 100 kruopščiai atrinktų receptų, švenčiamas gaminimo namuose menas, leidžiantis įnešti graikiškos virtuvės šilumos.

Įsivaizduokite žydrus Egėjo jūros vandenis, kalvų šlaituose prigludusius baltus pastatus ir ore sklindantį alyvuogių aliejaus bei žolelių aromatą. „Graikiškas" – tai ne tik receptų rinkinys; tai pasas į Graikijos širdį, kur kiekvienas patiekalas pasakoja istoriją apie paveldą, regiono įtaką ir bendrų valgių džiaugsmą.

Nesvarbu, ar esate patyręs virtuvės šefas, siekiantis atkurti autentiškus graikiškus skonius, ar namų virėjas, norintis savo patiekalams įkvėpti Viduržemio jūros regiono dvelksmo, šie receptai sukurti taip, kad būtų prieinami, skanūs ir kasdieninės graikiškos virtuvės šventė. Nuo klasikinės musakos iki energingų graikiškų salotų – leiskitės į kulinarinę odisėją, kuri suteiks jums graikiško stalo dvasios.

Prisijunkite prie mūsų, kai tyrinėjame paprastus, bet gilius graikiškos virtuvės malonumus, kur kiekvienas receptas primena, kad geras maistas gali nugabenti jus į saulės apšviestus krantus, šeimos susibūrimus ir graikų svetingumo širdį. Taigi, surinkite savo ingredientus, pasimėgaukite Viduržemio jūros dvasia ir paragauti graikiškos virtuvės esencijos per „graikišką". Opa!

# GRAIKIEJI PUSRYČIAI

# 1.Graikiškas omleto troškinys

**INGRIDIENTAI:**
- Dvylika didelių kiaušinių
- Dvylika uncijų artišokų salotų
- Aštuonios uncijos šviežiai supjaustytų špinatų
- Vienas valgomasis šaukštas šviežių krapų
- Keturi arbatiniai šaukšteliai alyvuogių aliejaus
- Vienas arbatinis šaukštelis džiovintų raudonėlių
- Dvi skiltelės susmulkinto česnako
- Du puodeliai nenugriebto pieno
- Penkios uncijos saulėje džiovintų pomidorų
- Vienas puodelis trupinto fetos sūrio
- Vienas arbatinis šaukštelis citrinpipirų
- Vienas arbatinis šaukštelis druskos
- Vienas arbatinis šaukštelis pipirų

**INSTRUKCIJOS:**
a) Paimkite didelį dubenį.
b) Į dubenį įmuškite kiaušinius.
c) Plakite kiaušinius apie penkias minutes.
d) Paimkite kitą dubenį ir į dubenį suberkite pipirus, citrinpipirus, šviežius krapus, džiovintus raudonėlius ir druską.
e) Visus ingredientus gerai išmaišykite.
f) Į kiaušinių dubenį įpilkite alyvuogių aliejaus ir špinatų.
g) Gerai išmaišykite ingredientus ir suberkite susmulkintą česnaką bei likusius ingredientus.
h) Sumaišykite visus abiejų indų ingredientus.
i) Sudėkite mišinį į riebalais išteptą kepimo formą.
j) Kepkite troškintuvą nuo dvidešimt penkių iki trisdešimties minučių.
k) Baigę troškinti išpilkite.
l) Patiekalas paruoštas patiekti.

## 2. Graikiško sūrio pyragas su riešutais ir medumi

**INGRIDIENTAI:**
- Aštuonios uncijos fetos sūrio
- Viena pakuotė filo lakštų
- Vienas arbatinis šaukštelis džiovintų mėtų
- Pusė puodelio kapotų riešutų (jūsų pasirinkimas)
- Vienas puodelis medaus čiobrelių
- Vienas puodelis trinto graikiško jogurto
- Septynios uncijos sviesto

**INSTRUKCIJOS:**
a) Paimkite didelį dubenį.
b) Įdėkite į jį sviestą ir gerai išplakite.
c) Į sviesto dubenį įpilkite graikiško jogurto ir fetos sūrio.
d) Gerai išmaišykite ingredientus.
e) Į dubenį suberkite džiovintas mėtas ir gerai išmaišykite.
f) Išklokite filo lakštus į riebalais išteptą kepimo skardą.
g) Įdėkite sūrio mišinį į filo lakštus ir uždenkite daugiau filo lakštų.
h) Kepkite pyragą apie keturiasdešimt minučių.
i) Iškepkite pyragą.
j) Ant pyrago viršaus užlašinkite medaus čiobrelių.
k) Patiekalą papuoškite smulkintais riešutais
l) Patiekalas paruoštas patiekti.

## 3.Viduržemio jūros pusryčių dubuo

**INGRIDIENTAI:**
- 4 minkštai virti kiaušiniai, virti pagal jūsų skonį
- 8 uncijos baltųjų grybų, perpjautų per pusę
- Pirmo spaudimo alyvuogių aliejus
- Košerinė druska
- 2 puodeliai vyšninių pomidorų
- 2 puodeliai kūdikių špinatų, supakuoti
- 1-2 česnako skiltelės, susmulkintos
- 1 ½ puodelio humuso
- Za'atar prieskoniai
- Alyvuogės (nebūtinai, papuošimui)

## INSTRUKCIJOS:

**SAUTI GRYBAI:**

a) Keptuvėje ant vidutinės-stiprios ugnies įkaitinkite šlakelį aukščiausios kokybės pirmojo spaudimo alyvuogių aliejaus.

b) Sudėkite per pusę perpjautus grybus ir kepkite, kol jie taps auksiniai ir minkšti, pagardinkite žiupsneliu košerinės druskos. Nukelkite nuo ugnies ir atidėkite į šalį.

**VYŠNINIAI POMIDORIAI:**

c) Į tą pačią keptuvę įpilkite dar šiek tiek alyvuogių aliejaus ir pakaitinkite ant vidutinės ugnies.

d) Sudėkite vyšninius pomidorus ir virkite, kol pradės pūslėti ir suminkštės. Nukelkite nuo ugnies ir atidėkite į šalį.

**PARUOŠTI ŠPINATUS:**

e) Toje pačioje keptuvėje, jei reikia, įpilkite dar šiek tiek alyvuogių aliejaus ir trumpai pakepinkite susmulkintą česnaką, kol pasidarys kvapnus.

f) Suberkite supakuotus kūdikius špinatus ir virkite, kol suvys.

g) Pagardinkite žiupsneliu druskos.

**SURENKITE DUBEĮ:**

h) Pradėkite nuo gausaus humuso sluoksnio paskleidimo dubens dugne.

i) Ant humuso išdėliokite minkštai virtus kiaušinius, troškintus grybus, vyšninius pomidorus ir troškintus špinatus.

j) Pabarstykite Za'atar ant ingredientų.

k) Jei norite, pridėkite alyvuogių, kad gautumėte papildomo skonio ir papuoškite.

# 4. Graikiškas avokadų skrebutis

**INGRIDIENTAI:**
- Pusė puodelio citrinos sulčių
- Keturios duonos riekelės
- Pusė puodelio vyšninių pomidorų
- Pusė puodelio aukščiausios kokybės pirmojo spaudimo alyvuogių aliejaus
- Pusė puodelio trupinto sūrio
- Susmulkinti raudonieji čili pipirai
- Pusė puodelio pjaustytų agurkų
- Ketvirtadalis puodelio krapų
- Pusė puodelio Kalamata alyvuogių
- Du puodeliai susmulkinto avokado
- Žiupsnelis druskos
- Žiupsnelis juodųjų pipirų

**INSTRUKCIJOS:**
a) Paimkite didelį dubenį.
b) Sudėkite visus ingredientus, išskyrus duonos riekeles.
c) Sumaišykite visus ingredientus.
d) Paskrudinkite duonos riekeles
e) Gautą mišinį paskleiskite ant duonos riekelių.

## 5.Viso grūdo skrebučiai su avokadu ir kiaušiniais

**INGRIDIENTAI:**
- 2 riekelės viso grūdo duonos
- 1 prinokęs avokadas
- 2 virti arba kepti kiaušiniai
- Druska ir pipirai pagal skonį
- Neprivalomi priedai: vyšniniai pomidorai, raudonųjų pipirų dribsniai arba šviežios žolelės

**INSTRUKCIJOS:**
a) Skrudinkite viso grūdo duonos riekeles, kol jos taps traškios.
b) Prinokusį avokadą sutrinkite ir užtepkite ant skrudintos duonos.
c) Kiekvieną riekelę aptepkite virtu arba keptu kiaušiniu.
d) Pagardinkite druska, pipirais ir bet kokiais pageidaujamais priedais.
e) Mėgaukitės avokadų ir kiaušinių skrebučiais!

# 6.Graikiška kiaušinienė

**INGRIDIENTAI:**
- Du šaukštai alyvuogių aliejaus
- Du dideli kiaušiniai
- Vienas prinokęs vyšninis pomidoras
- Žiupsnelis druskos
- Žiupsnelis juodųjų pipirų

**INSTRUKCIJOS:**
a) Paimkite didelę keptuvę.
b) Į keptuvę įpilkite alyvuogių aliejaus.
c) Į keptuvę sudėkite pomidorus ir druską.
d) Pomidorus gerai iškepkite, tada į keptuvę įberkite juodųjų pipirų.
e) Į keptuvę įmuškite kiaušinius.
f) Gerai išmaišykite ingredientus.
g) Išmuškite kiaušinius

# 7.Graikiški kepti kiaušiniai su bulvėmis ir feta

**INGRIDIENTAI:**
- Du šaukštai alyvuogių aliejaus
- Du dideli kiaušiniai
- Viena pjaustyta bulvė
- Šešiasdešimt gramų fetos sūrio
- Žiupsnelis druskos
- Žiupsnelis juodųjų pipirų

**INSTRUKCIJOS:**
a) Paimkite didelę keptuvę.
b) Į keptuvę įpilkite alyvuogių aliejaus.
c) Į keptuvę sudėkite bulves ir druską.
d) Bulves gerai išvirti ir į keptuvę įberti juodųjų pipirų.
e) Į keptuvę įmuškite kiaušinius.
f) Ant viršaus uždėkite trupintą fetos sūrį.
g) Ingredientus gerai apkepkite iš abiejų pusių.
h) Išmuškite kiaušinius

## 8. Graikijos sezamo duonos žiedai

**INGRIDIENTAI:**
- Du puodeliai miltų
- Trys šaukštai alyvuogių aliejaus
- Du arbatiniai šaukšteliai druskos
- Pusė arbatinio šaukštelio mielių
- Vienas arbatinis šaukštelis cukraus
- Vienas puodelis sezamo sėklų
- Vienas puodelis drungno vandens

**INSTRUKCIJOS:**
a) Paimkite didelį dubenį.
b) Į dubenį supilkite cukrų, mieles ir drungną vandenį.
c) Gerai išmaišykite ir laikykite nuošalyje, kol susidarys burbuliukai.
d) Į mišinį suberkite miltus ir druską.
e) Tešlą gerai išminkykite ir iš tešlos mišinio pradėkite formuoti žiedines struktūras.
f) Ant žiedų viršaus suberkite sezamo sėklas ir padėkite žiedus ant kepimo skardos.
g) Kepkite patiekalą apie trisdešimt minučių.

# 9.Graikiški pusryčiai Ladenija

**INGRIDIENTAI:**
- Du puodeliai miltų
- Trys šaukštai alyvuogių aliejaus
- Du arbatiniai šaukšteliai druskos
- Pusė arbatinio šaukštelio mielių
- Vienas arbatinis šaukštelis cukraus
- Vienas puodelis vyšninių pomidorų
- Du arbatiniai šaukšteliai džiovinto raudonėlio
- Vienas puodelis pjaustytų svogūnų
- Vienas puodelis drungno vandens

**INSTRUKCIJOS:**
a) Paimkite didelį dubenį.
b) Į dubenį supilkite cukrų, mieles ir drungną vandenį.
c) Gerai išmaišykite ir laikykite nuošalyje, kol susidarys burbuliukai.
d) Į mišinį suberkite miltus ir druską.
e) Tešlą gerai išminkykite ir iš tešlos mišinio pradėkite formuoti apvalius papločius.
f) Ant duonos viršaus suberkite griežinėliais pjaustytą svogūną ir vyšninius pomidoriukus ir dėkite duonos tešlą ant kepimo skardos.
g) Kepkite patiekalą apie trisdešimt minučių.

## 10. Graikiškų pusryčių ryžių pudingas (Rizogalo)

**INGRIDIENTAI:**
- Du puodeliai nenugriebto pieno
- Du puodeliai vandens
- Keturi šaukštai kukurūzų krakmolo
- Keturi šaukštai baltojo cukraus
- Pusė puodelio ryžių
- Ketvirtadalis arbatinio šaukštelio cinamono miltelių

**INSTRUKCIJOS:**
a) Paimkite didelį puodą.
b) Įpilkite vandens ir nenugriebto pieno.
c) Leiskite skysčiui virti penkias minutes.
d) Į pieno mišinį įpilkite ryžių ir cukraus.
e) Visus ingredientus gerai virkite trisdešimt minučių arba tol, kol pradės tirštėti.
f) Ant viršaus suberkite cinamono miltelius.
g) Patiekalas paruoštas patiekti.

## 11.Graikiški pusryčių kiaušinių bandelės

**INGRIDIENTAI:**
- Pusė puodelio saulėje džiovintų pomidorų
- Dešimt kiaušinių
- Ketvirtadalis puodelio alyvuogių
- Vienas puodelis trupinto sūrio
- Ketvirtadalis puodelio grietinėlės

**INSTRUKCIJOS:**
a) Paimkite didelį dubenį.
b) Sudėkite visus ingredientus į dubenį.
c) Viską gerai išmaišyti.
d) Kiaušinių mišinį supilkite į riebalais išteptą bandelių skardą.
e) Kepkite bandeles nuo dvidešimt iki trisdešimt minučių.
f) Iškepkite bandeles.
g) Patiekalas paruoštas patiekti.

## 12. Graikiškų pusryčių kiaušinių keptuvė su daržovėmis ir feta

**INGRIDIENTAI:**
- Du šaukštai alyvuogių aliejaus
- Du dideli kiaušiniai
- Vienas prinokęs vyšninis pomidoras
- Du puodeliai smulkintų kūdikių špinatų
- Vienas puodelis susmulkinto svogūno
- Vienas puodelis paprikos
- Ketvirtadalis puodelio trupinto fetos sūrio
- Žiupsnelis druskos
- Žiupsnelis juodųjų pipirų

**INSTRUKCIJOS:**
a) Paimkite didelę keptuvę.
b) Į keptuvę įpilkite alyvuogių aliejaus.
c) Į keptuvę suberkite svogūną ir druską.
d) Svogūnus gerai apkepkite, tada į keptuvę įberkite juodųjų pipirų.
e) Į mišinį įpilkite špinatų ir paprikos.
f) Gerai kepkite ingredientus apie penkias minutes.
g) Į keptuvę įmuškite kiaušinius.
h) Gerai išvirkite ingredientus.
i) Išmuškite kiaušinius.
j) Patiekalą papuoškite trupintu fetos sūriu.

## 13.Graikiški pusryčiai Pitas

**INGRIDIENTAI:**
- Du šaukštai alyvuogių aliejaus
- Dvi riekelės pita duonos
- Du dideli kiaušiniai
- Vienas prinokęs vyšninis pomidoras
- Du puodeliai smulkintų kūdikių špinatų
- Vienas puodelis susmulkinto svogūno
- Pusė puodelio susmulkinto baziliko
- Vienas puodelis paprikos
- Ketvirtadalis puodelio trupinto fetos sūrio
- Žiupsnelis druskos
- Žiupsnelis juodųjų pipirų
- Krūva susmulkintos kalendros

**INSTRUKCIJOS:**
a) Paimkite didelę keptuvę.
b) Į keptuvę įpilkite alyvuogių aliejaus.
c) Į keptuvę suberkite svogūną ir druską.
d) Svogūnus gerai apkepkite, tada į keptuvę įberkite juodųjų pipirų.
e) Į mišinį įpilkite špinatų ir paprikos.
f) Gerai kepkite ingredientus apie penkias minutes.
g) Į keptuvę įmuškite kiaušinius.
h) Gerai išvirkite ingredientus.
i) Išmuškite kiaušinius.
j) Leiskite kiaušiniams atvėsti, tada suberkite trupintą fetos sūrį
k) tuo susidomėjęs.
l) Gerai ismaisyti.
m) Pašildykite pita duoną.
n) Duonoje išpjaukite duobutę ir supilkite į ją išvirtą mišinį.
o) Duoną papuoškite smulkinta kalendra.

# 14. Graikiškojo jogurto parfė

**INGRIDIENTAI:**
- 1 puodelis graikiško jogurto
- ½ puodelio šviežių uogų (pvz., mėlynių, braškių)
- 2 šaukštai medaus
- 2 šaukštai kapotų riešutų (pvz., migdolų ar graikinių)
- ¼ puodelio granola

**INSTRUKCIJOS:**
a) Į stiklinę ar dubenį sluoksniuokite graikišką jogurtą, šviežias uogas ir medų.
b) Pabarstykite smulkintais riešutais ir granola.
c) Mėgaukitės gardžiu graikiško jogurto parfė!

## 15. Viduržemio jūros omletas

**INGRIDIENTAI:**
- 2 dideli kiaušiniai
- ¼ puodelio pjaustytų pomidorų
- ¼ puodelio kubeliais pjaustytų paprikų
- ¼ puodelio supjaustyto raudonojo svogūno
- 2 šaukštai fetos sūrio
- 1 valgomasis šaukštas alyvuogių aliejaus
- Šviežios žolelės (pvz., petražolės arba raudonėlis)
- Druska ir pipirai pagal skonį

**INSTRUKCIJOS:**
a) Keptuvėje ant vidutinės ugnies įkaitinkite alyvuogių aliejų.
b) Troškinkite kubeliais pjaustytas daržoves, kol jos suminkštės.
c) Dubenyje išplakti kiaušinius ir supilti į keptuvę.
d) Virkite, kol kiaušiniai sustings, tada pabarstykite fetos sūriu, žolelėmis, druska ir pipirais.
e) Omletą perlenkite per pusę ir patiekite karštą.

# 16. Špinatų ir fetos pusryčių įvyniojimas

**INGRIDIENTAI:**
- 2 dideli kiaušiniai
- 1 puodelis šviežių špinatų lapų
- 2 šaukštai trupinto fetos sūrio
- 1 pilno grūdo tortilija
- 1 valgomasis šaukštas alyvuogių aliejaus
- Druska ir pipirai pagal skonį

**INSTRUKCIJOS:**
a) Keptuvėje ant vidutinės ugnies įkaitinkite alyvuogių aliejų.
b) Suberkite šviežius špinatų lapus ir virkite, kol suvys.
c) Dubenyje išplakite kiaušinius ir išplakite juos keptuvėje su špinatais.
d) Pabarstykite fetos sūriu ant kiaušinių ir virkite, kol jis šiek tiek ištirps.
e) Įdėkite kiaušinių ir špinatų mišinį į nesmulkintų kviečių tortiliją, susukite ir patiekite kaip įvyniojimą.

# GRAIKŲ UŽKANDŽIAI

## 17.Graikiškas Tzatziki Dip

**INGRIDIENTAI:**
- Pusantro puodelio graikiško jogurto
- Vienas valgomasis šaukštas smulkintų šviežių krapų
- Pusiau supjaustyto agurko
- Du šaukštai alyvuogių aliejaus
- Pusė šaukštelio druskos
- Du arbatiniai šaukšteliai malto česnako
- Vienas šaukštas baltojo acto

**INSTRUKCIJOS:**
a) Paimkite didelį dubenį.
b) Į dubenį sudėkite visus džiovintus ingredientus.
c) Gerai išmaišykite ir dešimčiai minučių padėkite į šaldytuvą.
d) Į dubenį sudėkite šlapius ingredientus.
e) Gerai ismaisyti.

## 18.Graikiškas keptas sūris

**INGRIDIENTAI:**
- Vienas svaras kietojo sūrio
- Daržovių aliejus
- Vienas puodelis universalių miltų

**INSTRUKCIJOS:**
a) Sūrį supjaustykite griežinėliais.
b) Pamerkite jį į universalius miltus.
c) Paimkite didelę keptuvę.
d) Į keptuvę įpilkite aliejaus ir gerai įkaitinkite.
e) Sudėkite sūrio griežinėlius ir kepkite, kol jie taps auksinės rudos spalvos.

## 19. Graikiškos bulvytės

**INGRIDIENTAI:**
- Vienas svaras rusvių bulvių
- Daržovių aliejus
- Vienas puodelis universalių miltų
- Vienas puodelis trupinto fetos sūrio
- Vienas puodelis salsos

**INSTRUKCIJOS:**
a) Bulves supjaustykite kubeliais.
b) Pamerkite jį į universalius miltus.
c) Paimkite didelę keptuvę.
d) Į keptuvę įpilkite aliejaus ir gerai įkaitinkite.
e) Sudėkite bulvių lazdeles ir kepkite, kol jos taps auksinės rudos spalvos.
f) Išmaišykite bulvytes ir ant viršaus uždėkite salsą ir fetos sūrį.

## 20.Graikiškas Feta Dip

**INGRIDIENTAI:**
- Pusantro puodelio graikiško jogurto
- Vienas valgomasis šaukštas smulkintų šviežių krapų
- Pusiau supjaustyto fetos sūrio
- Du šaukštai alyvuogių aliejaus
- Pusė šaukštelio druskos
- Du arbatiniai šaukšteliai malto česnako
- Vienas šaukštas baltojo acto

**INSTRUKCIJOS:**
a) Paimkite didelį dubenį.
b) Į dubenį sudėkite visus džiovintus ingredientus.
c) Gerai išmaišykite ir dešimčiai minučių padėkite į šaldytuvą.
d) Į dubenį sudėkite šlapius ingredientus.
e) Gerai ismaisyti.

## 21. Viduržemio jūros vaisių salotos

**INGRIDIENTAI:**
- 2 stiklinės arbūzo, kubeliais
- 2 stiklinės agurkų, supjaustytų kubeliais
- 1 puodelis fetos sūrio, sutrupintas
- ¼ puodelio šviežių mėtų lapelių arba baziliko, susmulkintų
- 1 valgomasis šaukštas aukščiausios kokybės pirmojo spaudimo alyvuogių aliejaus
- 1 valgomasis šaukštas balzamiko acto
- Druska ir pipirai pagal skonį

**INSTRUKCIJOS:**
a) Dideliame dubenyje sumaišykite arbūzą, agurką ir fetos sūrį.
b) Nedideliame dubenyje suplakite alyvuogių aliejų ir balzamiko actą.
c) Užpilkite padažu ant salotų ir švelniai išmaišykite, kad susimaišytų.
d) Pabarstykite smulkintais mėtų lapeliais arba baziliku.
e) Pagardinkite druska ir pipirais pagal skonį.
f) Prieš patiekdami atvėsinkite šaldytuve 30 minučių.

## 22.Kalmarai su rozmarinų ir čili aliejumi

**INGRIDIENTAI:**
- Pirmo spaudimo alyvuogių aliejus
- 1 krūva šviežių rozmarinų
- 2 sveiki raudonieji čili pipirai, be sėklų ir smulkiai pjaustytų 150 ml grietinėlės
- 3 kiaušinių tryniai
- 2 valgomieji šaukštai tarkuoto parmezano sūrio
- 2 šaukštai paprastų miltų
- Druska ir šviežiai malti juodieji pipirai
- 1 česnako skiltelė, nulupta ir susmulkinta
- 1 arbatinis šaukštelis džiovinto raudonėlio
- Augalinis aliejus giliai kepti
- 6 Kalmarai, išvalyti ir supjaustyti žiedais
- Druska

**INSTRUKCIJOS:**

a) Norėdami paruošti padažą, nedideliame puode įkaitinkite alyvuogių aliejų ir įmaišykite rozmariną bei čili. Pašalinkite iš lygties.

b) Dideliame dubenyje suplakite grietinėlę, kiaušinių trynius, parmezano sūrį, miltus, česnaką ir raudonėlį. Maišykite, kol tešla taps vientisa. Pagardinkite šviežiai maltais juodaisiais pipirais.

c) Įkaitinkite aliejų iki 200°C, kad keptumėte giliai arba kol duonos kubelis paruduos per 30 sekundžių.

d) Kalmarų žiedus po vieną panardinkite į tešlą ir atsargiai įdėkite į aliejų. Kepkite iki auksinės rudos spalvos, apie 2-3 minutes.

e) Nusausinkite ant virtuvinio popieriaus ir nedelsdami patiekite su užpiltu padažu. Jei reikia, pagardinkite druska.

## 23. Graikiškas baklažanų padažas

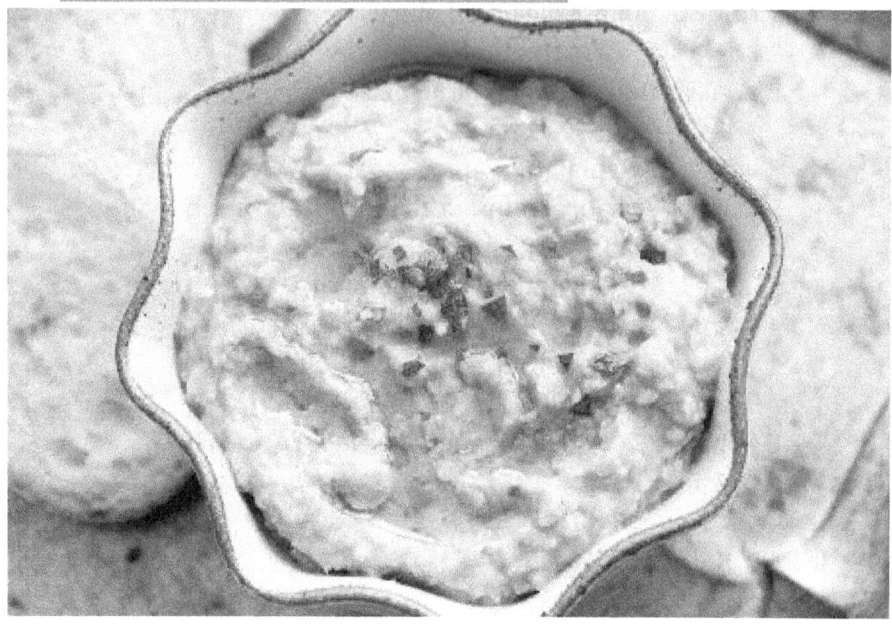

**INGRIDIENTAI:**
- Pusantro puodelio graikiško jogurto
- Vienas valgomasis šaukštas smulkintų šviežių krapų
- Pusiau pjaustytų keptų baklažanų
- Du šaukštai alyvuogių aliejaus
- Pusė šaukštelio druskos
- Du arbatiniai šaukšteliai malto česnako

**INSTRUKCIJOS:**
a) Paimkite didelį dubenį.
b) Sudėkite visus ingredientus ir gerai išmaišykite.
c) Patiekalą papuoškite šviežiais krapais.

## 24.Graikiški Spanakopita Spring Rolls

INGRIDIENTAI:
- Viena pavasario ritinėlių pakuotė
- Daržovių aliejus
- **UŽPILDYMUI:**
- Vienas puodelis fetos sūrio
- Keturi kiaušiniai
- Pusė arbatinio šaukštelio šviežiai tarkuoto muskato riešuto
- Žiupsnelis druskos
- Vienas šaukštas alyvuogių aliejaus
- Ketvirtadalis puodelio susmulkinto svogūno
- Vienas arbatinis šaukštelis malto česnako
- Vienas šaukštas pieno
- Pusė puodelio kapotų špinatų
- Žiupsnelis maltų juodųjų pipirų

INSTRUKCIJOS:
a) Paimkite didelę keptuvę.
b) Į keptuvę įpilkite alyvuogių aliejaus.
c) Kai aliejus įkaista, sudėkite svogūnus ir česnakus.
d) Kepkite svogūnus, kol jie taps minkšti.
e) Sumaišykite kiaušinius ir į keptuvę suberkite susmulkintus špinatus.
f) Virkite ingredientus, kol špinatai suvys.
g) Į keptuvę įpilkite fetos sūrio, pieno, juodųjų pipirų, druskos ir šviežiai tarkuoto muskato riešuto.
h) Virkite ingredientus apie penkias minutes.
i) Išjunkite viryklę ir leiskite mišiniui atvėsti.
j) Sudėkite mišinį ant pavasario ritinėlių vyniotinių ir susukite.
k) Kepkite pavasarinius suktinukus, kol jie taps auksinės rudos spalvos.
l) Kai tai bus padaryta, išpilkite spanakopita.

## 25.Graikiški tortilijos pinwheels

**INGRIDIENTAI:**
- Viena pakuotė tortilijų
- Daržovių aliejus

**UŽPILDYMUI:**
- Vienas puodelis fetos sūrio
- Vienas svaras jautienos faršo
- Pusė arbatinio šaukštelio šviežiai tarkuoto muskato riešuto
- Žiupsnelis druskos
- Vienas šaukštas alyvuogių aliejaus
- Ketvirtadalis puodelio susmulkinto svogūno
- Vienas arbatinis šaukštelis malto česnako
- Vienas šaukštas pieno
- Pusė puodelio kapotų špinatų
- Žiupsnelis maltų juodųjų pipirų

**INSTRUKCIJOS:**
a) Paimkite didelę keptuvę.
b) Į keptuvę įpilkite alyvuogių aliejaus.
c) Kai aliejus įkaista, sudėkite svogūnus ir česnakus.
d) Kepkite svogūnus, kol jie taps minkšti.
e) Sumaišykite jautieną ir suberkite į keptuvę susmulkintus špinatus.
f) Virkite ingredientus, kol špinatai suvys.
g) Į keptuvę įpilkite fetos sūrio, pieno, juodųjų pipirų, druskos ir šviežiai tarkuoto muskato riešuto.
h) Virkite ingredientus apie penkias minutes.
i) Išjunkite viryklę ir leiskite mišiniui atvėsti.
j) Sudėkite mišinį ant tortilijų ir susukite.
k) Kepkite ratukus, kol jie taps auksinės rudos spalvos.
l) Kai jie bus baigti, išmeskite ratukus.

## 26. Graikiškų įdarytų agurkų kąsneliai

INGRIDIENTAI:
- Vienas svaras agurkų

UŽPILDYMUI:
- Vienas puodelis fetos sūrio
- Vienas svaras vištienos faršo
- Pusė arbatinio šaukštelio šviežiai tarkuoto muskato riešuto
- Žiupsnelis druskos
- Vienas šaukštas alyvuogių aliejaus
- Ketvirtadalis puodelio susmulkinto svogūno
- Vienas arbatinis šaukštelis malto česnako
- Žiupsnelis maltų juodųjų pipirų
- Šviežios mėtos

INSTRUKCIJOS:
a) Paimkite didelę keptuvę.
b) Į keptuvę įpilkite alyvuogių aliejaus.
c) Kai aliejus įkaista, sudėkite svogūnus ir česnakus.
d) Kepkite svogūnus, kol jie taps minkšti.
e) Vištieną įmaišykite į keptuvę.
f) Į keptuvę įpilkite fetos sūrio, juodųjų pipirų, druskos ir šviežiai tarkuoto muskato riešuto.
g) Virkite ingredientus apie penkias minutes.
h) Išjunkite viryklę ir leiskite mišiniui atvėsti.
i) Sudėkite mišinį ant agurkų gabalėlių.
j) Patiekalą papuoškite smulkintais mėtų lapeliais.

## 27.C traškios bulvės su prieskoniais

## INGRIDIENTAI:
- 3 šaukštai alyvuogių aliejaus
- 4 Russet bulvės, nuluptos ir kubeliais
- 2 šaukštai malto svogūno
- 2 skiltelės česnako, susmulkintos
- Druska ir šviežiai malti juodieji pipirai
- 1 1/2 šaukštelio ispaniškos paprikos
- 1/4 arbatinio šaukštelio Tabasco padažo
- 1/4 arbatinio šaukštelio maltų čiobrelių
- 1/2 puodelio kečupo
- 1/2 stiklinės majonezo
- Susmulkintos petražolės, papuošimui
- 1 stiklinė alyvuogių aliejaus, kepimui

## INSTRUKCIJOS:
### BRAVA PADAŽAS:
a) Puode ant vidutinės ugnies įkaitinkite 3 šaukštus alyvuogių aliejaus. Pakepinkite svogūną ir česnaką, kol svogūnas suminkštės.
b) Nukelkite keptuvę nuo ugnies ir įmaišykite papriką, Tabasco padažą ir čiobrelius.
c) Dubenyje sumaišykite kečupą ir majonezą.
d) Pagal skonį pagardinkite druska ir pipirais. Pašalinkite iš lygties.
### BULVĖS:
e) Bulves lengvai pagardinkite druska ir juodaisiais pipirais.
f) Kepkite bulves 1 puodelyje (8 fl. oz.) alyvuogių aliejaus didelėje keptuvėje iki auksinės rudos spalvos ir iškeps, retkarčiais pamaišydami.
g) Nusausinkite bulves ant popierinių rankšluosčių, paragaukite ir, jei reikia, pagardinkite papildomai druska.
h) Kad bulvės būtų traškios, prieš patiekdami sumaišykite jas su padažu.
i) Patiekite šiltą, papuoštą kapotomis petražolėmis.

## 28. Graikiškos salotos Cracke r

**INGRIDIENTAI:**
**DĖL APRANGA:**
- Pusė arbatinio šaukštelio košerinės druskos
- Du arbatiniai šaukšteliai šviežiai maltų juodųjų pipirų
- Ketvirtadalis puodelio raudonojo vyno acto
- Pusė puodelio alyvuogių aliejaus
- Du šaukštai malto česnako
- Du arbatiniai šaukšteliai šviežio raudonėlio
- Pusė arbatinio šaukštelio džiovinto raudonėlio

**SALOTOMS:**
- Vienas puodelis fetos sūrio
- Pusė svaro traškios duonos riekelių
- Pusė arbatinio šaukštelio malto česnako
- Du šaukštai alyvuogių aliejaus
- Pusė puodelio Kalamata alyvuogių
- Vienas puodelis raudonai oranžinės paprikos
- Vienas puodelis angliškų agurkų
- Vienas puodelis vyšninių pomidorų

**INSTRUKCIJOS:**
a) Paimkite nedidelį dubenį. Į jį įpilkite alyvuogių aliejaus ir susmulkinto česnako.
b) Įmaišykite duonos riekeles.
c) Kepkite griežinėlius dešimt minučių.
d) Išdėliokite duonos riekeles, kai jos bus paruoštos.
e) Paimkite didelį dubenį. Į dubenį sudėkite anglišką agurką, Kalamata alyvuoges, raudonai oranžinę papriką, vyšninius pomidorus ir fetos sūrį.
f) Viską gerai išmaišykite ir atidėkite į šalį.
g) Paimkite nedidelį dubenį.
h) Įpilkite alyvuogių aliejaus, raudonojo vyno acto, košerinės druskos, malto česnako, šviežiai grūstų juodųjų pipirų, šviežio raudonėlio ir džiovinto raudonėlio.
i) Viską gerai išmaišyti.
j) Šiuo užpilu užpilkite paruoštas salotas.
k) Viską gerai išmaišykite ir uždėkite ant skrudintų duonos riekelių.

## 29. Graikiškos pitos duonos kąsneliai

**INGRIDIENTAI:**
- Vieno svaro pitos duonos kąsniai
- Daržovių aliejus
- Vienas puodelis universalių miltų
- Vienas puodelis trupinto fetos sūrio
- Vienas puodelis salsos

**INSTRUKCIJOS:**
a) Pita duoną supjaustykite kąsnio dydžio gabalėliais.
b) Pamerkite jį į universalius miltus.
c) Paimkite didelę keptuvę.
d) Į keptuvę įpilkite aliejaus ir gerai įkaitinkite.
e) Įpilkite pita duonos ir kepkite, kol pasidarys auksinės rudos spalvos.
f) Išmaišykite duoną ir ant viršaus uždėkite salsą ir fetos sūrį.

## 30. Graikiški cukinijų rutuliukai (Kolokithokeftedes)

**INGRIDIENTAI:**
- Vienas susmulkintas raudonasis svogūnas
- Dvi susmulkintos česnako skiltelės
- Žiupsnelis druskos
- Žiupsnelis juodųjų pipirų
- Pusė puodelio mėtų lapelių
- Du puodeliai tarkuotų cukinijų
- Pusė arbatinio šaukštelio raudonėlio
- Vienas kiaušinis
- Du šaukštai alyvuogių aliejaus
- Vienas puodelis graikiško jogurto

**INSTRUKCIJOS:**

a) Paimkite didelį dubenį.

b) Į dubenį sudėkite tarkuotas cukinijas, prieskonius, mėtas, svogūną, česnaką ir kiaušinį.

c) Visus ingredientus gerai išmaišykite ir suformuokite apvalius rutuliukus.

d) Alyvuogių aliejuje apkepkite cukinijų rutuliukus, kol jie taps auksinės spalvos.

e) Išmuškite rutuliukus.

f) Cukinijų rutuliukus patiekite su graikišku jogurtu ant šono.

## 31. Baklavos energijos įkandimai

**INGRIDIENTAI:**
- 1 puodelis kapotų riešutų (pvz., graikinių riešutų, migdolų)
- ¼ puodelio valcuotų avižų
- 2 šaukštai medaus
- ½ arbatinio šaukštelio malto cinamono
- ¼ arbatinio šaukštelio maltų gvazdikėlių
- ¼ arbatinio šaukštelio vanilės ekstrakto
- 1 valgomasis šaukštas smulkiai pjaustytų džiovintų abrikosų (nebūtina)

**INSTRUKCIJOS:**

a) Virtuviniame kombaine sumaišykite susmulkintus riešutus ir voliotas avižas. Pulsuokite iki smulkiai sumaltos.

b) Įpilkite medaus, cinamono, gvazdikėlių ir vanilės ekstrakto. Maišykite, kol mišinys sulips.

c) Jei norite, įmaišykite susmulkintus džiovintus abrikosus.

d) Iš mišinio iškočiokite kąsnio dydžio rutuliukus.

e) Prieš patiekdami atvėsinkite šaldytuve apie 30 minučių.

## 32.S krevetės gambas

**INGRIDIENTAI:**
- 1/2 stiklinės alyvuogių aliejaus
- 1 citrinos sultys
- 2 arbatinius šaukštelius jūros druskos
- 24 vidutinės didelės krevetės , kiaute su nepažeistomis galvomis

**INSTRUKCIJOS:**
a) Dubenyje sumaišykite alyvuogių aliejų, citrinos sultis ir druską ir plakite, kol gerai susimaišys. Kad krevetės lengvai pasidengtų, kelioms sekundėms pamerkite jas į mišinį.
b) Sausoje keptuvėje ant stiprios ugnies įkaitinkite aliejų. Dirbdami partijomis, krevetes sudėkite vienu sluoksniu, neperpildydami keptuvės, kai ji labai karšta. 1 minutę kepimo
c) Sumažinkite ugnį iki vidutinės ir kepkite dar minutę. Padidinkite ugnį iki didelės ir pakepinkite krevetes dar 2 minutes arba iki auksinės spalvos.
d) Krevetes laikykite šiltai žemoje orkaitėje ant orkaitei atsparios lėkštės.
e) Tuo pačiu būdu kepkite likusias krevetes.

## 33. Viduržemio jūros regiono įkvėptas takų mišinys

**INGRIDIENTAI:**
- 1 puodelis žalių migdolų
- 1 puodelis žalių anakardžių
- 1 puodelis nesūdytų pistacijų
- ½ puodelio džiovintų abrikosų, supjaustytų
- ½ puodelio džiovintų figų, supjaustytų
- ¼ puodelio auksinių razinų
- ¼ puodelio saulėje džiovintų pomidorų, supjaustytų
- 1 valgomasis šaukštas alyvuogių aliejaus
- ½ arbatinio šaukštelio maltų kmynų
- ½ arbatinio šaukštelio paprikos
- ¼ arbatinio šaukštelio jūros druskos
- ¼ arbatinio šaukštelio juodųjų pipirų

**INSTRUKCIJOS:**
a) Įkaitinkite orkaitę iki 325 ° F (163 ° C).
b) Dideliame dubenyje sumaišykite migdolus, anakardžius ir pistacijas.
c) Nedideliame dubenyje sumaišykite alyvuogių aliejų, maltus kmynus, papriką, jūros druską ir juoduosius pipirus.
d) Prieskonių mišiniu apibarstykite riešutus ir išmeskite, kad tolygiai pasidengtų.
e) Pagardintus riešutus paskleiskite ant kepimo skardos vienu sluoksniu.
f) Riešutus paskrudinkite įkaitintoje orkaitėje 10-15 minučių arba kol lengvai apskrus. Retkarčiais juos pamaišykite, kad iškeptumėte tolygiai.
g) Kai riešutai apskrus, išimkite juos iš orkaitės ir leiskite visiškai atvėsti.
h) Dideliame dubenyje sumaišykite skrudintus riešutus su pjaustytais džiovintais abrikosais, figomis, auksinėmis razinomis ir saulėje džiovintais pomidorais.
i) Sumaišykite viską, kad sukurtumėte savo Viduržemio jūros takų derinį.
j) Laikykite tako mišinį hermetiškame inde, kad galėtumėte užkąsti kelyje.

## 34. Datulių ir pistacijų kąsneliai

**INGRIDIENTAI:**
- 12 Medjool datulių, be kauliukų
- ½ puodelio lukštentų pistacijų
- 2 šaukštai grietinėlės sūrio arba ožkos sūrio
- 1 arbatinis šaukštelis medaus
- ½ arbatinio šaukštelio maltų kmynų
- ¼ arbatinio šaukštelio maltos paprikos
- Druska ir juodieji pipirai pagal skonį
- Šviežių petražolių lapelių papuošimui (nebūtina)

**INSTRUKCIJOS:**

a) Virtuvės kombainu sutrinkite išlukštentas pistacijas, kol jos bus smulkiai pjaustytos. Perkelkite juos į negilų dubenį ir atidėkite.

b) Tame pačiame virtuvės kombainu sumaišykite kreminį sūrį (arba ožkos sūrį), medų, maltus kmynus, maltą papriką, druską ir juoduosius pipirus. Maišykite, kol mišinys taps vientisas ir gerai susimaišys.

c) Atsargiai atidarykite kiekvieną datą su duobutėmis, kad susidarytumėte mažą kišenę.

d) Paimkite apie 1 arbatinį šaukštelį sūrio mišinio ir įdėkite jį į kiekvieną datulę, užpildydami kišenę.

e) Įdarę datules, apvoliokite jas susmulkintose pistacijose, taip, kad pistacijos priliptų prie sūrio mišinio.

f) Įdarytas ir padengtas datules dėkite ant serviravimo lėkštės.

g) Jei norite, papuoškite šviežiais petražolių lapeliais, kad šiek tiek būtų žalsvos spalvos.

h) Nedelsdami patiekite pikantiškus datulių ir pistacijų kąsnius arba laikykite juos šaldytuve, kol būsite pasiruošę mėgautis.

## 35.Baklažanai su medumi

**INGRIDIENTAI:**
- 3 šaukštai medaus
- 3 baklažanai
- 2 puodeliai Pieno
- 1 valgomasis šaukštas druskos
- 1 valgomasis šaukštas pipirų
- 100 g miltų
- 4 valgomieji šaukštai alyvuogių aliejaus

**INSTRUKCIJOS:**
a) Smulkiai supjaustykite baklažaną.
b) Maišymo inde sumaišykite baklažanus. Į dubenį supilkite tiek pieno, kad baklažanai visiškai apsemtų. Pagardinkite žiupsneliu druskos.
c) Palikite bent vienai valandai, kad įsigertų.
d) Išimkite baklažanus iš pieno ir atidėkite į šalį. Naudodami miltus aptepkite kiekvieną griežinėlį. Supilkite į druskos ir pipirų mišinį.
e) Keptuvėje įkaitinkite alyvuogių aliejų. Baklažano griežinėlius apkepkite 180 laipsnių temperatūroje.
f) Iškeptus baklažanus dėkite ant popierinių rankšluosčių, kad susigertų aliejaus perteklius.
g) Baklažanus apšlakstykite medumi.
h) Tarnauti.

# GRAIKŲ PIETŪS

## 36.Graikiškos klasikinės citrininės bulvės

**INGRIDIENTAI:**
- Vienas puodelis svogūno
- Vienas puodelis daržovių sultinio
- Pusė šaukštelio rūkytos paprikos
- Du šaukštai Dižono garstyčių
- Du arbatiniai šaukšteliai baltojo cukraus
- Du šaukštai alyvuogių aliejaus
- Du puodeliai pomidorų pastos
- Vienas valgomasis šaukštas džiovinto rozmarino
- Žiupsnelis druskos
- Žiupsnelis juodųjų pipirų
- Vienas arbatinis šaukštelis džiovintų čiobrelių
- Vienas svaras žiedinių kopūstų žiedynų
- Du šaukštai malto česnako
- Pusė puodelio sauso baltojo vyno
- Pusė puodelio citrinos sulčių
- Pusė puodelio kalendros

**INSTRUKCIJOS:**
a) Paimkite didelę keptuvę.
b) Į ją įpilkite alyvuogių aliejaus ir svogūnų griežinėlių.
c) Svogūnų griežinėlius pakepinkite ir išdėliokite.
d) Į keptuvę sudėkite česnaką, bulvių gabalėlius, citrinos sultis ir prieskonius.
e) Kepkite bulvių gabalėlius prieskoniuose nuo penkių iki dešimties minučių.
f) Į mišinį sudėkite likusius ingredientus.
g) Virkite mišinį, kol pradės virti.
h) Sumažinkite ugnį ir uždenkite keptuvę dangčiu.
i) Po dešimties minučių nuimkite dangtį.
j) Patikrinkite bulves prieš jas ištraukdami.
k) Prieš patiekdami ant viršaus sutrupinkite virtus svogūno griežinėlius.

## 37. Graikiškos salotos

**INGRIDIENTAI:**
**DĖL APRANGA:**
- Pusė arbatinio šaukštelio košerinės druskos
- Du arbatiniai šaukšteliai šviežiai maltų juodųjų pipirų
- Ketvirtadalis puodelio raudonojo vyno acto
- Pusė puodelio alyvuogių aliejaus
- Du šaukštai malto česnako
- Du arbatiniai šaukšteliai šviežio raudonėlio
- Pusė arbatinio šaukštelio džiovinto raudonėlio

**SALOTOMS:**
- Vienas puodelis fetos sūrio
- Pusė puodelio parmezano sūrio
- Pusė svaro duonos riekelių
- Pusė arbatinio šaukštelio malto česnako
- Du šaukštai alyvuogių aliejaus
- Pusė puodelio Kalamata alyvuogių
- Vienas puodelis raudonai oranžinės paprikos
- Vienas puodelis angliškų agurkų
- Vienas puodelis vyšninių pomidorų

**INSTRUKCIJOS:**
a) Paimkite nedidelį dubenį.
b) Į jį įpilkite alyvuogių aliejaus ir susmulkinto česnako.
c) Gerai išmaišykite ir užtepkite ant duonos riekelių.
d) Ant griežinėlių uždėkite parmezano sūrio.
e) Kepkite griežinėlius dešimt minučių.
f) Išdėliokite duonos riekeles, kai jos bus paruoštos.
g) Paimkite didelį dubenį.
h) Į dubenį sudėkite anglišką agurką, Kalamata alyvuoges, raudonai oranžinę papriką, vyšninius pomidorus ir fetos sūrį.
i) Viską gerai išmaišykite ir atidėkite į šalį.
j) Paimkite nedidelį dubenį.
k) Įpilkite alyvuogių aliejaus, raudonojo vyno acto, košerinės druskos, malto česnako, šviežiai grūstų juodųjų pipirų, šviežio raudonėlio ir džiovinto raudonėlio.
l) Viską gerai išmaišyti.
m) Šiuo užpilu užpilkite paruoštas salotas.
n) Viską gerai išmaišykite ir į šoną įdėkite skrudintų duonos riekelių.

## 38. Graikiška vištienos girosas

## INGRIDIENTAI:
- Keturi papločiai
- Pusė puodelio daržovių sultinio
- Ketvirtadalis puodelio citrinos sulčių
- Vienas puodelis tzatziki padažo
- Pusė puodelio supjaustyto raudonojo svogūno
- Pusė puodelio pjaustytų pomidorų
- Pusė puodelio romėnų salotų
- Vienas valgomasis šaukštas malto česnako
- Vienas puodelis pomidorų pastos
- Du šaukštai alyvuogių aliejaus
- Vienas šaukštas česnako miltelių
- Vienas valgomasis šaukštas džiovintų čiobrelių
- Pusė arbatinio šaukštelio malto cinamono
- Du šaukštai čili miltelių
- Ketvirtadalis šaukštelio šviežio muskato riešuto
- Žiupsnelis jūros druskos
- Du puodeliai vištienos gabalėlių

## INSTRUKCIJOS:
a) Paimkite didelę keptuvę.
b) Į keptuvę įpilkite alyvuogių aliejaus ir česnako.
c) Suberkite raudonėlį, pomidorų pastą, rūkytą papriką, muskato riešutą, čili miltelius, čiobrelius ir druską.
d) Į keptuvę supilkite daržovių sultinį, citrinos sultis ir vištienos gabalėlius.
e) Gerai kepkite ingredientus apie penkiolika minučių.
f) Kepkite papločius apie dvi tris minutes.
g) Supjaustykite papločius, kad susidarytumėte maišelio struktūrą.
h) Išvirtą mišinį supilkite į paplotį ir išklokite tzatziki padažu, romėnų salotomis, griežinėliais pjaustytais pomidorais ir raudonaisiais svogūnais.

## 39. Graikiški mėsos kukuliai

**INGRIDIENTAI:**
- Vienas susmulkintas raudonasis svogūnas
- Dvi susmulkintos česnako skiltelės
- Žiupsnelis druskos
- Žiupsnelis juodųjų pipirų
- Pusė puodelio mėtų lapelių
- Du puodeliai jautienos faršo
- Pusė arbatinio šaukštelio raudonėlio
- Vienas kiaušinis
- Du šaukštai alyvuogių aliejaus
- Vienas puodelis graikiško jogurto

**INSTRUKCIJOS:**
a) Paimkite didelį dubenį.
b) Į dubenį sudėkite jautienos faršą, prieskonius, mėtas, svogūną, česnaką ir kiaušinį.
c) Visus ingredientus gerai išmaišykite ir suformuokite apvalius rutuliukus.
d) Kepkite kotletus alyvuogių aliejuje, kol jie taps auksinės spalvos.
e) Išmuškite kotletus.
f) Patiekite mėsos kukulius su graikišku jogurtu ant šono.

## 40. Įdaryti graikiški pipirai

**INGRIDIENTAI:**
- Pusė puodelio virtų ryžių
- Vienas puodelis pomidorų pastos
- Du šaukštai nesūdyto sviesto
- Trys šaukštai granuliuoto cukraus
- Pusė puodelio kapotų morkų
- Vienas arbatinis šaukštelis malto imbiero
- Du puodeliai mišraus sūrio
- Susmulkintos šviežios petražolės
- Du šaukštai alyvuogių aliejaus
- Vienas svaras žaliųjų paprikų
- Du puodeliai pomidorų
- Žiupsnelis druskos
- Žiupsnelis juodųjų pipirų
- Du puodeliai pjaustytų bulvių
- Vienas puodelis pjaustytų raudonųjų svogūnų
- Vienas valgomasis šaukštas malto česnako
- Pusė puodelio kapotų cukinijų

**INSTRUKCIJOS:**
a) Paimkite didelę keptuvę.
b) Į keptuvę sudėkite sviestą ir susmulkintus svogūnus.
c) Kepkite svogūną, kol jis taps minkštas.
d) Sudėkite česnaką ir imbierą, taip pat pjaustytas cukinijas, pjaustytas bulves, pomidorus, pomidorų pastą ir pjaustytas morkas.
e) Daržoves gerai kepkite apie dešimt minučių.
f) Įpilkite granuliuoto cukraus, virtų ryžių, druskos ir pipirų.
g) Viską gerai išmaišyti ir išmaišyti.
h) Išvalykite paprikas iš vidaus ir supilkite į ją paruoštą mišinį.
i) Ant viršaus suberkite sumaišytą sūrį ir sudėkite paprikas ant riebalais išteptos kepimo skardos.
j) Paprikas kepkite, kol sūris taps šviesiai auksinės spalvos.
k) Paprikas papuoškite šviežiai pjaustytais petražolių lapeliais.

# 41. Graikiška pupelių sriuba

**INGRIDIENTAI:**
- Pusė puodelio kapotų šviežių čiobrelių
- Pusė puodelio kapotų šviežių raudonėlių
- Pusė puodelio kapotų šviežių česnakų
- Vienas arbatinis šaukštelis sumaišytų prieskonių miltelių
- Pusė šaukštelio rūkytos paprikos
- Vienas lauro lapas
- Žiupsnelis druskos
- Žiupsnelis juodųjų pipirų
- Du šaukštai alyvuogių aliejaus
- Vienas svaras pupelių
- Pusė šaukšto susmulkinto česnako
- Du puodeliai pjaustytų pomidorų
- Vienas puodelis pjaustytų svogūnų
- Vienas puodelis kapotų petražolių
- Vienas puodelis daržovių sultinio
- Vienas puodelis vandens

**INSTRUKCIJOS:**
a) Paimkite didelę keptuvę.
b) Į ją sudėkite pjaustytus svogūnus ir alyvuogių aliejų.
c) Gerai išmaišykite ingredientus.
d) Į keptuvę sudėkite susmulkintą česnaką.
e) Į keptuvę suberkite pomidorus, raudonėlį, lauro lapą, druską, juoduosius pipirus, čiobrelius, rūkytą papriką, sumaišykite prieskonių miltelius ir laiškinius česnakus.
f) Gerai išvirkite ingredientus.
g) Į mišinį įpilkite pupelių.
h) Į keptuvę įpilkite daržovių sultinio ir vandens.
i) Sriubą gerai išmaišykite.
j) Ant keptuvės viršaus uždėkite dangtį.
k) Virkite sriubą nuo dešimties iki penkiolikos minučių.
l) Išgerkite sriubą, kai pupelės baigsis.
m) Patiekalą papuoškite kapotomis petražolėmis ant viršaus.

## 42.Graikiškos skrudintos žaliosios pupelės

**INGRIDIENTAI:**
- Žiupsnelis druskos
- Žiupsnelis juodųjų pipirų
- Keturi puodeliai kubeliais pjaustytų šparaginių pupelių
- Vienas puodelis susmulkinto svogūno
- Pusė šaukšto susmulkinto česnako,
- Trys šaukštai alyvuogių aliejaus
- Du šaukštai granuliuoto cukraus
- Du šaukštai kapotų petražolių
- Vienas valgomasis šaukštas rūkytos paprikos
- Du šaukštai šviežio raudonėlio
- Du šaukštai šviežių čiobrelių
- Pusė puodelio daržovių sultinio
- Vienas puodelis pjaustytų pomidorų

**INSTRUKCIJOS:**
a) Paimkite didelę keptuvę.
b) Į ją įpilkite pjaustytų svogūnų ir alyvuogių aliejaus.
c) Gerai išmaišykite ingredientus.
d) Į keptuvę sudėkite susmulkintą česnaką.
e) Į keptuvę suberkite pomidorus, raudonėlį, druską, juoduosius pipirus, granuliuotą cukrų, čiobrelius ir rūkytą papriką.
f) Gerai išvirkite ingredientus.
g) Į mišinį sudėkite kubeliais pjaustytas šparagines pupeles.
h) Į keptuvę įpilkite daržovių sultinio.
i) Gerai išmaišykite ingredientus.
j) Ant keptuvės viršaus uždėkite dangtį.
k) Šparagines pupeles virkite nuo dešimties iki penkiolikos minučių.
l) Ištraukite maistą, kai šparaginės pupelės bus baigtos.
m) Patiekalą papuoškite kapotomis petražolėmis ant viršaus.

## 43. Graikiška lęšių sriuba

**INGRIDIENTAI:**
- Žiupsnelis druskos
- Žiupsnelis juodųjų pipirų
- Du šaukštai alyvuogių aliejaus
- Vienas svaras sumaišytų lęšių
- Pusė šaukšto susmulkinto česnako
- Du puodeliai pjaustytų pomidorų
- Pusė puodelio kapotų šviežių čiobrelių
- Pusė puodelio kapotų šviežių raudonėlių
- Pusė puodelio kapotų šviežių česnakų
- Vienas arbatinis šaukštelis sumaišytų prieskonių miltelių
- Pusė arbatinio šaukštelio rūkytos paprikos
- Vienas lauro lapas
- Vienas puodelis pjaustytų svogūnų
- Vienas puodelis kapotų petražolių
- Vienas puodelis daržovių sultinio
- Vienas puodelis vandens

**INSTRUKCIJOS:**
a) Paimkite didelę keptuvę.
b) Į ją sudėkite pjaustytus svogūnus ir alyvuogių aliejų.
c) Gerai išmaišykite ingredientus.
d) Į keptuvę sudėkite susmulkintą česnaką.
e) Į keptuvę suberkite pomidorus, raudonėlį, lauro lapą, druską, juoduosius pipirus, čiobrelius, rūkytą papriką, sumaišykite prieskonių miltelius ir laiškinius česnakus.
f) Gerai išvirkite ingredientus.
g) Į mišinį įpilkite lęšių.
h) Į keptuvę įpilkite daržovių sultinio ir vandens.
i) 9. Sriubą gerai išmaišykite.
j) Ant keptuvės viršaus uždėkite dangtį.
k) Virkite sriubą nuo dešimties iki penkiolikos minučių.
l) Išgerkite sriubą, kai baigsis lęšiai.
m) Patiekalą papuoškite kapotomis petražolėmis ant viršaus.

## 44. Graikiška avinžirnių sriuba

**INGRIDIENTAI:**
- Vienas puodelis pjaustytų svogūnų
- Vienas puodelis kapotų petražolių
- Vienas puodelis daržovių sultinio
- Vienas puodelis vandens
- Žiupsnelis druskos
- Žiupsnelis juodųjų pipirų
- Du šaukštai alyvuogių aliejaus
- Vienas svaras avinžirnių
- Pusė šaukšto susmulkinto česnako
- Du puodeliai pjaustytų pomidorų
- Pusė puodelio kapotų šviežių čiobrelių
- Pusė puodelio kapotų šviežių raudonėlių
- Pusė puodelio kapotų šviežių česnakų
- Vienas arbatinis šaukštelis sumaišytų prieskonių miltelių
- Pusė arbatinio šaukštelio rūkytos paprikos
- Vienas lauro lapas

**INSTRUKCIJOS:**
a) Paimkite didelę keptuvę.
b) Į jį sudėkite pjaustytus svogūnus ir alyvuogių aliejų.
c) Gerai sumaišykite ingredientus.
d) Į keptuvę sudėkite susmulkintą česnaką.
e) Į keptuvę suberkite pomidorus, raudonėlį, lauro lapą, druską, juoduosius pipirus, čiobrelius, rūkytą papriką, sumaišykite prieskonių miltelius ir laiškinius česnakus.
f) Gerai išvirkite ingredientus.
g) Į mišinį sudėkite avinžirnius.
h) Į keptuvę įpilkite daržovių sultinio ir vandens.
i) Sriubą gerai išmaišykite.
j) Ant keptuvės viršaus uždėkite dangtį.
k) Virkite sriubą nuo dešimties iki penkiolikos minučių.
l) Išvirkite sriubą, kai avinžirniai iškeps.
m) Patiekalą papuoškite kapotomis petražolėmis ant viršaus.

## 45.graiky Souvlaki

## INGRIDIENTAI:
- Pusė šaukšto susmulkinto česnako,
- Trys šaukštai alyvuogių aliejaus
- Du šaukštai granuliuoto cukraus
- Du šaukštai kapotų petražolių
- Vienas valgomasis šaukštas rūkytos paprikos
- Du šaukštai šviežio raudonėlio
- Du šaukštai šviežių čiobrelių
- Pusė puodelio kapotų šviežių česnakų
- Vienas arbatinis šaukštelis sumaišytų prieskonių miltelių
- Pusė šaukštelio rūkytos paprikos
- Vienas svaras vištienos šlaunelių
- Pitos duona

## INSTRUKCIJOS:
a) Paimkite didelį dubenį.
b) Į dubenį sudėkite visus ingredientus.
c) Marinatą gerai išmaišykite.
d) Vištienos gabalėlius paskrudinkite ant grotelių keptuvės.
e) Iškepkite vištienos gabalėlius iš abiejų pusių auksinės rudos spalvos.
f) Souvlaki patiekite su pita duona ant šono.

## 46. Graikiška jautienos ir baklažanų lazanija (Moussaka)

**INGRIDIENTAI:**
- Vienas valgomasis šaukštas malto česnako
- Du šaukštai šviežių kapotų krapų
- Vienas puodelis fetos sūrio
- Du puodeliai jautienos faršo
- Žiupsnelis druskos
- Žiupsnelis maltų juodųjų pipirų
- Vienas puodelis baklažanų gabalėlių
- Du šaukštai alyvuogių aliejaus
- Trys puodeliai kūdikių špinatų
- Du puodeliai rusvų bulvių
- Vienas puodelis pjaustytų svogūnų
- Du puodeliai pomidorų padažo
- Du puodeliai bešamelio padažo

**INSTRUKCIJOS:**
a) Paimkite didelį dubenį.
b) Į dubenį sudėkite baklažanus, jautienos faršą, bulves, špinatus.
c) Dubenyje sumaišykite alyvuogių aliejų, druską ir maltus juoduosius pipirus.
d) Kepkite ingredientus orkaitėje apie dvidešimt minučių.
e) Paimkite didelę keptuvę.
f) Į keptuvę įpilkite alyvuogių aliejaus ir svogūnų.
g) Kepkite svogūnus, kol jie taps minkšti.
h) Į keptuvę suberkite susmulkintą česnaką.
i) Gerai išvirkite ingredientus.
j) Į keptuvę įpilkite fetos sūrio, druskos ir juodųjų pipirų.
k) Visus ingredientus gerai išmaišykite ir suberkite susmulkintus krapus
l) keptuvę.
m) Į keptuvę sudėkite keptą jautieną ir daržoves ir išmaišykite
n) viskas gerai.
o) Ant daržovių mišinio supilkite pomidorų padažą ir bešamelio padažą.
p) Kepkite dar dešimt minučių.

## 47. Viduržemio jūros avinžirnių salotos

**INGRIDIENTAI:**
- 2 skardinės (po 15 uncijų) avinžirnių, nusausintos ir nuplautos
- 1 puodelis vyšninių pomidorų, perpjautų per pusę
- 1 agurkas, supjaustytas kubeliais
- ½ raudonojo svogūno, smulkiai supjaustyto
- ¼ puodelio Kalamata alyvuogių, be kauliukų ir supjaustytų griežinėliais
- ¼ puodelio fetos sūrio, susmulkinto
- 2 šaukštai aukščiausios kokybės pirmojo spaudimo alyvuogių aliejaus
- 2 šaukštai raudonojo vyno acto
- 1 arbatinis šaukštelis džiovintų raudonėlių
- Druska ir pipirai pagal skonį

**INSTRUKCIJOS:**
a) Dideliame salotų dubenyje sumaišykite avinžirnius, vyšninius pomidorus, agurką, raudonąjį svogūną ir Kalamata alyvuoges.
b) Nedideliame dubenyje sumaišykite alyvuogių aliejų, raudonojo vyno actą, džiovintą raudonėlį, druską ir pipirus.
c) Padažu apšlakstykite salotas ir išmaišykite.
d) Ant viršaus uždėkite trupintą fetos sūrį.
e) Patiekite atšaldytą ir mėgaukitės!

## 48. Citrinų žolelių vištiena su kvinoja ir persikais

**INGRIDIENTAI:**
**CITRININĖS ŽOLELĖS VIŠTAI:**
- 1 nedidelė vištienos šlaunelė (3 uncijos, be kaulų, be odos)
- ¼ citrinos, išspaustos sultys
- ¼ arbatinio šaukštelio paprikos
- Druska ir pipirai pagal skonį
- Rapsų arba augalinis aliejus kepimui ant grotelių

**KINOJAI IR PERSIKO SALOTOS:**
- 1 puodelis virtos quinoa
- 1 didelis persikas, nuluptas ir susmulkintas
- 2 šaukštai šviežio baziliko, suplėšyto
- 10 pekano puselių, susmulkintų
- 1 arbatinis šaukštelis alyvuogių aliejaus

**INSTRUKCIJOS:**
**CITRININĖS ŽOLELĖS VIŠTAI:**
a) Mažame dubenyje sumaišykite citrinos sultis, papriką, druską ir pipirus, kad susidarytumėte marinatą.
b) Vištienos šlaunelę sudėkite į sandarų plastikinį maišelį arba negilų indą ir užpilkite marinatu.
c) Uždarykite maišelį arba uždenkite indą ir marinuokite vištieną šaldytuve bent 30 minučių arba ilgiau, kad būtų daugiau skonio.
d) Įkaitinkite grilį arba grilio keptuvę ant vidutinės-stiprios ugnies ir aptepkite rapsų ar augaliniu aliejumi.
e) Vištienos šlaunelę kepkite ant grotelių maždaug 6–7 minutes iš kiekvienos pusės arba tol, kol ji iškeps ir pasidarys grilio žymės.
f) Nuimkite vištieną nuo grotelių ir prieš pjaustydami palikite keletą minučių pailsėti.

**KINOJAI IR PERSIKO SALOTOS:**
g) Atskiriame dubenyje sumaišykite išvirtą quinoa, susmulkintą persiką, plėšytą šviežią baziliką ir susmulkintas pekano puseles.
h) Ant salotų apšlakstykite 1 arbatinį šaukštelį alyvuogių aliejaus ir švelniai išmaišykite, kad susimaišytų.
i) Pagardinkite druska ir pipirais pagal skonį.
j) Patiekite citrinų žolelėmis keptą vištieną kartu su quinoa ir persikų salotomis.

## 49. Graikiškų salotų įvyniojimas

**INGRIDIENTAI:**
- 2 pilno grūdo tortilijos
- ¼ puodelio romėnų salotų arba mišrių žalumynų
- 1 puodelis kubeliais pjaustytų agurkų
- 1 puodelis kubeliais pjaustytų pomidorų
- ½ puodelio supjaustyto raudonojo svogūno
- ¼ puodelio trupinto fetos sūrio
- ¼ puodelio Kalamata alyvuogių, be kauliukų ir supjaustytų griežinėliais
- 2 šaukštai aukščiausios kokybės pirmojo spaudimo alyvuogių aliejaus
- 2 šaukštai raudonojo vyno acto
- 1 arbatinis šaukštelis džiovintų raudonėlių
- Druska ir pipirai pagal skonį

**INSTRUKCIJOS:**

a) Dubenyje sumaišykite agurkus, pomidorus, raudonąjį svogūną, fetos sūrį ir Kalamata alyvuoges.

b) Nedideliame dubenyje sumaišykite alyvuogių aliejų, raudonojo vyno actą, džiovintą raudonėlį, druską ir pipirus.

c) Padažu apšlakstykite salotas ir išmaišykite.

d) Viso grūdo tortilijas pašildykite keptuvėje arba mikrobangų krosnelėje.

e) Išdėliokite salotas ant tortilijų.

f) Supilkite salotų mišinį ant tortilijų, užlenkite šonus ir susukite kaip vyniotinį.

g) Perpjaukite pusiau ir patiekite.

## 50. Viduržemio jūros kvinojos salotos

**INGRIDIENTAI:**
- 1 puodelis quinoa
- 2 puodeliai vandens
- 1 puodelis vyšninių pomidorų, perpjautų per pusę
- 1 agurkas, supjaustytas kubeliais
- ½ raudonosios paprikos, supjaustytos kubeliais
- ¼ puodelio raudonojo svogūno, smulkiai supjaustyto
- ¼ puodelio šviežių petražolių, kapotų
- ¼ puodelio fetos sūrio, susmulkinto
- 2 šaukštai aukščiausios kokybės pirmojo spaudimo alyvuogių aliejaus
- 2 šaukštai citrinos sulčių
- 1 arbatinis šaukštelis džiovintų raudonėlių
- Druska ir pipirai pagal skonį

**INSTRUKCIJOS:**
a) Kvinoją nuplaukite po šaltu vandeniu.
b) Puode sumaišykite quinoa ir vandenį, užvirinkite, tada sumažinkite iki mažos ugnies. Uždenkite ir virkite apie 15 minučių arba kol vanduo susigers.
c) Dideliame dubenyje sumaišykite virtus quinoa, vyšninius pomidorus, agurką, raudonąją papriką, raudonąjį svogūną ir šviežias petražoles.
d) Nedideliame dubenyje sumaišykite alyvuogių aliejų, citrinos sultis, džiovintą raudonėlį, druską ir pipirus.
e) Padažu apšlakstykite salotas ir išmaišykite.
f) Ant viršaus uždėkite trupintą fetos sūrį.
g) Patiekite atšaldytą ir mėgaukitės!

## 51. Viduržemio jūros tuno ir baltųjų pupelių salotos

**INGRIDIENTAI:**
- 1 skardinė (6 uncijos) tuno vandenyje, nusausinta
- 1 skardinė (15 uncijų) baltųjų pupelių, nusausintų ir nuplautų
- ½ puodelio vyšninių pomidorų, perpjautų per pusę
- ¼ puodelio raudonojo svogūno, smulkiai supjaustyto
- 2 šaukštai šviežio baziliko, susmulkinto
- 2 šaukštai aukščiausios kokybės pirmojo spaudimo alyvuogių aliejaus
- 1 valgomasis šaukštas raudonojo vyno acto
- 1 skiltelė česnako, susmulkinta
- Druska ir pipirai pagal skonį

**INSTRUKCIJOS:**

a) Dubenyje sumaišykite nusausintą tuną, baltas pupeles, vyšninius pomidorus, raudonąjį svogūną ir šviežią baziliką.

b) Nedideliame dubenyje suplakite alyvuogių aliejų, raudonojo vyno actą, smulkintą česnaką, druską ir pipirus.

c) Padažu apšlakstykite salotas ir išmaišykite.

d) Patiekite šias Viduržemio jūros tuno ir baltųjų pupelių salotas kaip skanius ir baltymų turinčius pietus.

## 52.Kalmarai ir ryžiai

**INGRIDIENTAI:**
- 6 uncijos. jūros gėrybių (bet kokios jūsų pasirinkimo)
- 3 skiltelės česnako
- 1 vidutinio dydžio svogūnas (supjaustytas)
- 3 šaukštai alyvuogių aliejaus
- 1 žalioji paprika (supjaustyta)
- 1 valgomasis šaukštas kalmarų rašalo
- 1 krūva petražolių
- 2 valgomieji šaukštai paprikos
- 550 gramų kalmarų (valytų)
- 1 valgomasis šaukštas druskos
- 2 salierai (supjaustyti kubeliais)
- 1 šviežias lauro lapas
- 2 vidutinio dydžio pomidorai (tarkuoti)
- 300 g calasparra ryžių
- 125 ml baltojo vyno
- 2 puodeliai žuvies sultinio
- 1 citrina

**INSTRUKCIJOS:**
a) Į keptuvę supilkite alyvuogių aliejų. Dubenyje sumaišykite svogūną, lauro lapą, pipirus ir česnaką. Leiskite keletą minučių pakepti.
b) Įmeskite kalmarus ir jūros gėrybes. Virkite keletą minučių, tada išimkite kalmarus / jūros gėrybes.
c) Dideliame dubenyje sumaišykite papriką, pomidorus, druską, salierą, vyną ir petražoles. Palikite 5 minutes, kol daržovės baigs virti.
d) Į keptuvę sumeskite nuplautus ryžius. Maišymo dubenyje sumaišykite žuvies sultinį ir kalmarų rašalą.
e) Virkite iš viso 10 minučių. Dideliame dubenyje sumaišykite jūros gėrybes ir kalmarus.
f) Virkite dar 5 minutes.
g) Patiekite su aioli arba citrina.

# GRAIKŲ VAKARIENĖ

## 53. Graikiški įdaryti vynuogių lapai

**INGRIDIENTAI:**
- Pusė puodelio virtų ryžių
- Vienas puodelis pomidorų pastos
- Du šaukštai nesūdyto sviesto
- Trys šaukštai granuliuoto cukraus
- Du puodeliai virtos jautienos
- Vienas arbatinis šaukštelis malto imbiero
- Du puodeliai mišraus sūrio
- Susmulkintos šviežios petražolės
- Du šaukštai alyvuogių aliejaus
- Vienas svaras vynuogių lapų
- Du puodeliai pomidorų
- Žiupsnelis druskos
- Žiupsnelis juodųjų pipirų
- Vienas puodelis pjaustytų raudonųjų svogūnų
- Vienas valgomasis šaukštas malto česnako

**INSTRUKCIJOS:**
a) Paimkite didelę keptuvę.
b) Į keptuvę sudėkite sviestą ir susmulkintus svogūnus.
c) Kepkite svogūną, kol jis taps minkštas.
d) Įpilkite česnako ir imbiero, taip pat jautienos faršo, pomidorų ir pomidorų pastos.
e) Jautieną gerai kepkite apie dešimt minučių.
f) Įpilkite granuliuoto cukraus, virtų ryžių, druskos ir pipirų.
g) Viską gerai išmaišyti ir išmaišyti.
h) Nuvalykite vynuogių lapus ir supilkite į juos virtą mišinį.
i) Susukite vynuogių lapus.
j) Ant viršaus suberkite sumaišytą sūrį ir dėkite vynuogių lapelius ant riebalais išteptos kepimo skardos.
k) Vynuogių lapus troškinkite maždaug dešimt–penkiolika minučių.
l) Vynuogių lapus papuoškite šviežiai pjaustytais petražolių lapeliais.

## 54. Graikiškas keptas Orzo

**INGRIDIENTAI:**
- Vienas puodelis nevirtos orzo
- Du puodeliai vištienos gabalėlių
- Aštuonios uncijos šviežiai supjaustytų špinatų
- Vienas valgomasis šaukštas šviežių krapų
- Keturi arbatiniai šaukšteliai alyvuogių aliejaus
- Vienas arbatinis šaukštelis džiovintų raudonėlių
- Dvi skiltelės susmulkinto česnako
- Du puodeliai nenugriebto pieno
- Penkios uncijos saulėje džiovintų pomidorų
- Vienas puodelis trupinto fetos sūrio
- Vienas arbatinis šaukštelis citrinpipirų
- Vienas arbatinis šaukštelis druskos
- Vienas arbatinis šaukštelis pipirų

**INSTRUKCIJOS:**
a) Paimkite didelį dubenį.
b) Į dubenį suberkite pipirus, citrinpipirus, šviežius krapus, džiovintus raudonėlius ir druską.
c) Visus ingredientus gerai išmaišykite.
d) Į dubenį sudėkite vištienos gabaliukus, orzo, alyvuogių aliejų ir špinatus.
e) Gerai išmaišykite ingredientus ir suberkite susmulkintą česnaką bei likusius ingredientus.
f) Sumaišykite visus abiejų indų ingredientus.
g) Supilkite mišinį į riebalais išteptą kepimo formą.
h) Kepkite orzo nuo dvidešimt penkių iki trisdešimt minučių.
i) Baigę išpilkite orzo.
j) Patiekalas paruoštas patiekti.

## 55.graikų Spanakopita

**INGRIDIENTAI:**
**TEŠLAI:**
- Du puodeliai universalių miltų
- Du arbatiniai šaukšteliai smulkios jūros druskos
- Pusė puodelio nesūdyto minkšto sviesto
- Du sveiki kiaušiniai
- Ketvirtadalis puodelio ledinio vandens

**UŽPILDYMUI:**
- Vienas puodelis fetos sūrio
- Keturi kiaušiniai
- Pusė arbatinio šaukštelio šviežiai tarkuoto muskato riešuto
- Žiupsnelis druskos
- Vienas šaukštas alyvuogių aliejaus
- Ketvirtadalis puodelio susmulkinto svogūno
- Vienas arbatinis šaukštelis malto česnako
- Vienas šaukštas pieno
- Pusė puodelio kapotų špinatų
- Žiupsnelis maltų juodųjų pipirų

**INSTRUKCIJOS:**
a) Paimkite didelį dubenį.
b) Į dubenį suberkite miltus ir jūros druską.
c) Kruopščiai sumaišykite ingredientus ir į dubenį supilkite kiaušinius, vandenį ir minkštą sviestą.
d) Visus ingredientus gerai išmaišykite, kad susidarytų tešla.
e) Paimkite didelę keptuvę.
f) Į keptuvę įpilkite alyvuogių aliejaus.
g) Kai aliejus įkaista, sudėkite svogūnus ir česnakus.
h) Kepkite svogūnus, kol jie taps minkšti.
i) Sumaišykite kiaušinius ir į keptuvę suberkite susmulkintus špinatus.
j) Virkite ingredientus, kol špinatai suvys.
k) Į keptuvę įpilkite fetos sūrio, pieno, juodųjų pipirų, druskos ir šviežiai tarkuoto muskato riešuto.
l) Virkite ingredientus apie penkias minutes.
m) Išjunkite viryklę ir leiskite mišiniui atvėsti.
n) Iškočiokite tešlą ir pusę jos padėkite į apvalią kepimo formą.
o) Išvirtą mišinį sudėkite į tešlą ir uždenkite likusia tešla.
p) Kepkite spanakopitą maždaug nuo dvidešimt iki dvidešimt penkių minučių.
q) Kai tai bus padaryta, išpilkite spanakopita.

## 56.Graikiški sūrio pyragai (Tiropita)

**INGRIDIENTAI:**
- Ketvirtadalis puodelio graikiško fetos sūrio
- Vienas puodelis gruyere sūrio
- Vienas puodelis pieno
- Keturi sveiki kiaušiniai
- Ketvirtadalis puodelio Philadelphia sūrio
- pusė stiklinės lydyto sviesto
- Viena ekologiškų filo lakštų pakuotė
- Viena šakelė šviežių čiobrelių lapelių
- Du šaukštai sezamo sėklų
- Žiupsnelis druskos
- Žiupsnelis šviežiai grūstų juodųjų pipirų

**INSTRUKCIJOS:**
a) Paimkite didelę keptuvę.
b) Į keptuvę įpilkite sviesto ir ištirpinkite.
c) Į keptuvę įpilkite sezamo sėklų, kiaušinių, druskos ir pipirų.
d) Kiaušinius gerai išvirkite, tada į keptuvę suberkite čiobrelius.
e) Patiekalą virkite dvi ar tris minutes, tada ištraukite.
f) Įpilkite pieno, Filadelfijos sūrio, graikiško fetos sūrio ir gruyere sūrio, kai mišinys atvės.
g) Viską gerai išmaišyti.
h) Phyllo lakštus supjaustykite norima forma ir į vidurį supilkite minėtą mišinį.
i) Padėkite pyragus ant riebalais išteptos kepimo skardos.
j) Kepimo skardą dėkite į įkaitintą orkaitę.
k) Kepkite pyragus maždaug keturiasdešimt penkias–penkiasdešimt minučių.
l) Išpilkite pyragus, kai jie įgaus aukso rudą spalvą.
m) Patiekalas paruoštas patiekti.

## 57.Graikiškas lėtai virtas ėrienos giroskopas

**INGRIDIENTAI:**
- Keturi papločiai
- Pusė puodelio daržovių sultinio
- Ketvirtadalis puodelio citrinos sulčių
- Vienas puodelis tzatziki padažo
- Pusė puodelio supjaustyto raudonojo svogūno
- Pusė puodelio pjaustytų pomidorų
- Pusė puodelio romėnų salotų
- Vienas valgomasis šaukštas malto česnako
- Vienas puodelis pomidorų pastos
- Du šaukštai alyvuogių aliejaus
- Vienas šaukštas česnako miltelių
- Vienas valgomasis šaukštas džiovintų čiobrelių
- Pusė arbatinio šaukštelio malto cinamono
- Du šaukštai čili miltelių
- Ketvirtadalis šaukštelio šviežio muskato riešuto
- Žiupsnelis jūros druskos
- Du puodeliai avienos gabaliukų

**INSTRUKCIJOS:**
a) Paimkite didelę keptuvę.
b) Į keptuvę įpilkite alyvuogių aliejaus ir česnako.
c) Suberkite raudonėlį, pomidorų pastą, rūkytą papriką, muskato riešutą, čili miltelius, čiobrelius ir druską.
d) Į keptuvę supilkite daržovių sultinį, citrinos sultis ir avienos gabaliukus.
e) Sumažinkite viryklę ir virkite apie trisdešimt minučių.
f) Gerai kepkite ingredientus apie penkiolika minučių.
g) Kepkite papločius apie dvi tris minutes.
h) Supjaustykite papločius, kad susidarytumėte maišelio struktūrą.
i) Išvirtą mišinį supilkite į paplotį ir išklokite tzatziki padažu, romėnų salotomis, griežinėliais pjaustytais pomidorais ir raudonaisiais svogūnais.

## 58. Graikiškos avienos įdaryti cukinijos

**INGRIDIENTAI:**
- Keturi šaukštai alyvuogių aliejaus
- Vienas puodelis susmulkinto svogūno
- Vienas arbatinis šaukštelis cinamono
- Keturi susmulkinti česnakai
- Ketvirtadalis puodelio razinų
- Šešios cukinijos
- Du puodeliai avienos faršo
- Ketvirtadalis puodelio kapotų razinų
- Du šaukštai pušies riešutų
- Vienas puodelis fetos sūrio
- Susmulkinti mėtų lapeliai

**INSTRUKCIJOS:**
a) Paimkite keptuvę.
b) Į keptuvę įpilkite aliejaus.
c) Į keptuvę sudėkite visus ingredientus, išskyrus mėtas, fetos sūrį ir cukinijas.
d) Ingredientus gerai išvirkite, o tada sumalkite.
e) Pastos uždėkite ant cukinijų ir apibarstykite fetos sūriu.
f) Cukinijas kepkite apie dešimt – penkiolika minučių.
g) Cukinijas išdėliokite ir papuoškite smulkintais mėtų lapeliais.

## 59.Graikiškas ėriukas Kleftiko

**INGRIDIENTAI:**
- Du puodeliai avienos gabaliukų
- Vienas valgomasis šaukštas šviežių krapų
- Keturi arbatiniai šaukšteliai alyvuogių aliejaus
- Vienas arbatinis šaukštelis džiovintų raudonėlių
- Dvi skiltelės susmulkinto česnako
- Du puodeliai nenugriebto pieno
- Penkios uncijos saulėje džiovintų pomidorų
- Vienas puodelis trupinto fetos sūrio
- Vienas arbatinis šaukštelis citrinpipirų
- Vienas arbatinis šaukštelis druskos
- Vienas arbatinis šaukštelis pipirų

**INSTRUKCIJOS:**
a) Paimkite didelį dubenį.
b) Į dubenį suberkite pipirus, citrinpipirus, šviežius krapus, džiovintus raudonėlius ir druską.
c) Visus ingredientus gerai išmaišykite.
d) Į dubenį sudėkite ėrienos gabaliukus ir alyvuogių aliejų.
e) Gerai išmaišykite ingredientus ir suberkite susmulkintą česnaką bei likusius ingredientus.
f) Sumaišykite visus abiejų indų ingredientus.
g) Sudėkite mišinį į riebalais išteptą kepimo formą.
h) Kepkite ėrienos kleftiko dvidešimt penkias trisdešimt minučių.
i) Baigę išpilkite kleftiko.
j) Patiekalas paruoštas patiekti.

# 60. Avienos kotletai su prieskoniais su rūkytais baklažanais

**INGRIDIENTAI:**
- Du puodeliai avienos gabaliukų
- Vienas valgomasis šaukštas šviežių krapų
- Keturi arbatiniai šaukšteliai alyvuogių aliejaus
- Vienas arbatinis šaukštelis džiovintų raudonėlių
- Du arbatiniai šaukšteliai sumaišytų prieskonių
- Dvi skiltelės susmulkinto česnako
- Du puodeliai baklažanų
- Vienas puodelis trupinto fetos sūrio
- Vienas arbatinis šaukštelis citrinpipirų
- Vienas arbatinis šaukštelis druskos
- Vienas arbatinis šaukštelis pipirų

**INSTRUKCIJOS:**
a) Paimkite didelį dubenį.
b) Į dubenį suberkite pipirus, baklažanų gabaliukus, sumaišytus prieskonius, citrinpipirus, šviežius krapus, džiovintus raudonėlius ir druską.
c) Visus ingredientus gerai išmaišykite.
d) Į dubenį sudėkite ėrienos gabaliukus ir alyvuogių aliejų.
e) Gerai išmaišykite ingredientus ir suberkite susmulkintą česnaką bei likusius ingredientus.
f) Sumaišykite visus abiejų indų ingredientus.
g) Sudėkite mišinį į riebalais išteptą kepimo formą.
h) Avieną ir baklažanus kepkite ant grotelių dvidešimt penkias – trisdešimt minučių.
i) Baigę išdėliokite ėrieną ir baklažanus.
j) Patiekalas paruoštas patiekti.

## 61.Graikijos aborigenai ir ėriukas Pasticcio

**INGRIDIENTAI:**
- Vienas valgomasis šaukštas malto česnako
- Du šaukštai šviežių kapotų krapų
- Vienas puodelis fetos sūrio
- Du puodeliai ėrienos faršo
- Žiupsnelis druskos
- Žiupsnelis maltų juodųjų pipirų
- Vienas puodelis baklažanų gabalėlių
- Du šaukštai alyvuogių aliejaus
- Trys puodeliai kūdikių špinatų
- Du puodeliai rusvų bulvių
- Vienas puodelis pjaustytų svogūnų
- Du puodeliai pomidorų padažo
- Du puodeliai bešamelio padažo

**INSTRUKCIJOS:**
a) Paimkite didelį dubenį.
b) Į dubenį sudėkite baklažanus, ėrienos faršą, bulves, špinatus.
c) Dubenyje sumaišykite alyvuogių aliejų, druską ir maltus juoduosius pipirus.
d) Kepkite ingredientus orkaitėje apie dvidešimt minučių.
e) Paimkite didelę keptuvę.
f) Į keptuvę įpilkite alyvuogių aliejaus ir svogūnų.
g) Kepkite svogūnus, kol jie taps minkšti.
h) Į keptuvę suberkite susmulkintą česnaką.
i) Gerai išvirkite ingredientus.
j) Į keptuvę įpilkite fetos sūrio, druskos ir juodųjų pipirų.
k) Visus ingredientus gerai išmaišykite ir suberkite susmulkintus krapus
l) keptuvę.
m) Į keptuvę sudėkite iškeptą avieną ir daržoves ir išmaišykite
n) viskas gerai.
o) Ant daržovių mišinio supilkite pomidorų padažą ir bešamelio padažą.
p) Kepkite dar dešimt minučių.

## 62. Graikiškos žalios salotos su marinuota feta

## INGRIDIENTAI:
### DĖL APRANGA:
- Pusė arbatinio šaukštelio košerinės druskos
- Du arbatiniai šaukšteliai šviežiai maltų juodųjų pipirų
- Ketvirtadalis puodelio raudonojo vyno acto
- Pusė puodelio alyvuogių aliejaus
- Du šaukštai malto česnako
- Du arbatiniai šaukšteliai šviežio raudonėlio
- Pusė arbatinio šaukštelio džiovinto raudonėlio

### SALOTOMS:
- Vienas puodelis marinuoto fetos sūrio
- Pusė svaro duonos riekelių
- Pusė arbatinio šaukštelio malto česnako
- Du šaukštai alyvuogių aliejaus
- Pusė puodelio Kalamata alyvuogių
- Vienas puodelis raudonai oranžinės paprikos
- Vienas puodelis angliškų agurkų
- Vienas puodelis vyšninių pomidorų

## INSTRUKCIJOS:
a) Paimkite nedidelį dubenį.
b) Į jį įpilkite alyvuogių aliejaus ir susmulkinto česnako.
c) Gerai išmaišykite ir užtepkite ant duonos riekelių.
d) Išdėliokite duonos riekeles, kai jos bus paruoštos.
e) Paimkite didelį dubenį.
f) Į dubenį sudėkite anglišką agurką, Kalamata alyvuoges, raudonai oranžinę papriką, vyšninius pomidorus ir marinuotą fetos sūrį.
g) Viską gerai išmaišykite ir atidėkite į šalį.
h) Paimkite nedidelį dubenį.
i) Įpilkite alyvuogių aliejaus, raudonojo vyno acto, košerinės druskos, malto česnako, šviežiai grūstų juodųjų pipirų, šviežio raudonėlio ir džiovinto raudonėlio.
j) Viską gerai išmaišyti.
k) Šiuo užpilu užpilkite paruoštas salotas.
l) Viską gerai išmaišykite ir į šoną įdėkite skrudintų duonos riekelių.

# 63. Graikiškas ėriukas Pitas

**INGRIDIENTAI:**
- Du šaukštai alyvuogių aliejaus
- Dvi riekelės pita duonos
- Du dideli kiaušiniai
- Vienas prinokęs vyšninis pomidoras
- Du puodeliai avienos gabaliukų
- Vienas puodelis susmulkinto svogūno
- Pusė puodelio susmulkinto baziliko
- Ketvirtadalis puodelio trupinto fetos sūrio
- Žiupsnelis druskos
- Žiupsnelis juodųjų pipirų
- Krūva susmulkintos kalendros

**INSTRUKCIJOS:**
a) Paimkite didelę keptuvę.
b) Į keptuvę įpilkite alyvuogių aliejaus.
c) Į keptuvę suberkite svogūną ir druską.
d) Svogūnus gerai apkepkite ir į keptuvę įberkite juodųjų pipirų.
e) Į mišinį sudėkite ėrienos gabaliukus.
f) Į mišinį suberkite susmulkintą baziliką.
g) Gerai kepkite ingredientus apie penkiolika minučių.
h) Iškepkite, kai avienos gabaliukai bus paruošti.
i) Leiskite mėsai atvėsti, tada suberkite trupintą fetos sūrį.
j) Gerai ismaisyti.
k) Pašildykite pita duoną.
l) Duonoje išpjaukite duobutę ir supilkite į ją išvirtą mišinį.
m) Duoną papuoškite smulkinta kalendra.

## 64. Viduržemio jūros kepta lašiša

**INGRIDIENTAI:**
**KEPTAI LASIŠAI:**
- 2 lašišos filė (kiekviena 6 uncijos)
- 2 skiltelės česnako, susmulkintos
- 2 šaukštai aukščiausios kokybės pirmojo spaudimo alyvuogių aliejaus
- 1 citrina, išspausta sultimis
- 1 arbatinis šaukštelis džiovintų raudonėlių
- Druska ir pipirai pagal skonį

**GRAIKiškoms salotoms:**
- 1 agurkas, supjaustytas kubeliais
- 1 puodelis vyšninių pomidorų, perpjautų per pusę
- ½ raudonojo svogūno, smulkiai supjaustyto
- ¼ puodelio Kalamata alyvuogių, be kauliukų ir supjaustytų griežinėliais
- ¼ puodelio trupinto fetos sūrio
- 2 šaukštai aukščiausios kokybės pirmojo spaudimo alyvuogių aliejaus
- 2 šaukštai raudonojo vyno acto
- 1 arbatinis šaukštelis džiovintų raudonėlių
- Druska ir pipirai pagal skonį

**INSTRUKCIJOS:**
**KEPTAI LASIŠAI:**
a) Įkaitinkite orkaitę iki 375 ° F (190 ° C).
b) Nedideliame dubenyje sumaišykite maltą česnaką, aukščiausios kokybės pirmojo spaudimo alyvuogių aliejų, citrinos sultis, džiovintą raudonėlį, druską ir pipirus.
c) Lašišos filė dėkite ant kepimo popieriumi išklotos skardos.
d) Lašišą aptepkite citrinos ir česnako mišiniu.
e) Kepkite 15-20 minučių arba tol, kol lašiša lengvai susiplaks šakute.

**GRAIKiškoms salotoms:**
f) Dideliame salotų dubenyje sumaišykite kubeliais pjaustytą agurką, vyšninius pomidorus, raudonąjį svogūną, Kalamata alyvuoges ir trupintą fetos sūrį.
g) Nedideliame dubenyje sumaišykite aukščiausios kokybės pirmojo spaudimo alyvuogių aliejų, raudonojo vyno actą, džiovintą raudonėlį, druską ir pipirus.
h) Padažu apšlakstykite salotas ir išmaišykite.
i) Iškeptą lašišą patiekite kartu su graikiškomis salotomis.

## 65. Viduržemio jūros kvinoja įdarytos bulgarinės paprikos

**INGRIDIENTAI:**
- 4 didelės paprikos (bet kokios spalvos)
- 1 puodelis quinoa
- 2 puodeliai vandens
- 1 skardinė (15 uncijų) avinžirnių, nusausinti ir nuplauti
- ½ puodelio kubeliais pjaustytų pomidorų
- ¼ puodelio kapotų šviežių petražolių
- ¼ puodelio trupinto fetos sūrio
- 2 šaukštai aukščiausios kokybės pirmojo spaudimo alyvuogių aliejaus
- 1 valgomasis šaukštas citrinos sulčių
- 1 arbatinis šaukštelis džiovintų raudonėlių
- Druska ir pipirai pagal skonį
- Baziliko lapeliai, papuošimui

**INSTRUKCIJOS:**
a) Įkaitinkite orkaitę iki 375 ° F (190 ° C).
b) Nupjaukite paprikų viršūnes ir pašalinkite sėklas bei plėveles.
c) Puode sumaišykite quinoa ir vandenį, užvirinkite, tada sumažinkite iki mažos ugnies. Uždenkite ir virkite apie 15 minučių arba kol vanduo susigers.
d) Dubenyje sumaišykite virtus quinoa, avinžirnius, kubeliais pjaustytus pomidorus, kapotas šviežias petražoles ir trupintą fetos sūrį.
e) Į quinoa mišinį įpilkite aukščiausios kokybės pirmojo spaudimo alyvuogių aliejaus, citrinos sulčių, džiovinto raudonėlio, druskos ir pipirų. Gerai ismaisyti.
f) Paprikas įdarykite quinoa ir avinžirnių mišiniu.
g) Įdarytas paprikas dėkite į kepimo indą, uždenkite aliuminio folija ir kepkite apie 30 min.
h) Nuimkite foliją ir kepkite dar 10 minučių arba tol, kol paprikos suminkštės, o viršus šiek tiek apskrus.
i) Patiekite, papuoškite baziliko lapeliais.

## 66. Viduržemio jūros lęšių ir daržovių troškinys

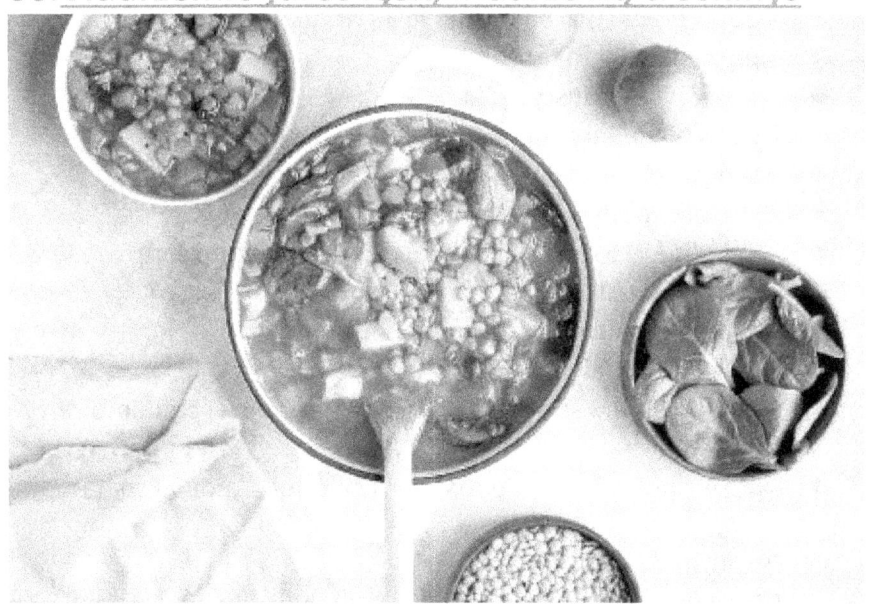

**INGRIDIENTAI:**
- 1 puodelis žalių arba rudųjų lęšių, nuplautų ir nusausintų
- 4 puodeliai daržovių sultinio
- 2 morkos, supjaustytos kubeliais
- 2 salierų stiebai, supjaustyti kubeliais
- 1 svogūnas, smulkiai pjaustytas
- 2 skiltelės česnako, susmulkintos
- 1 skardinė (15 uncijų) kubeliais pjaustytų pomidorų
- 1 arbatinis šaukštelis džiovintų raudonėlių
- 1 arbatinis šaukštelis džiovintų čiobrelių
- Druska ir pipirai pagal skonį
- 2 šaukštai aukščiausios kokybės pirmojo spaudimo alyvuogių aliejaus
- Šviežios petražolės papuošimui 1 puodelis kūdikių špinatų

**INSTRUKCIJOS:**
a) Dideliame puode ant vidutinės ugnies įkaitinkite aukščiausios kokybės pirmojo spaudimo alyvuogių aliejų.
b) Sudėkite susmulkintą svogūną, morkas ir salierą. Troškinkite apie 5 minutes, kol pradės minkštėti.
c) Įmaišykite susmulkintą česnaką, džiovintą raudonėlį ir džiovintus čiobrelius. Virkite dar minutę.
d) Sudėkite lęšius, daržovių sultinį ir kubeliais pjaustytus pomidorus. Užvirinkite.
e) Sumažinkite ugnį, uždenkite ir troškinkite apie 25-30 minučių arba kol lęšiai suminkštės.
f) Prieš patiekdami įmaišykite špinatus, kol suminkštės.
g) Pagardinkite druska ir pipirais pagal skonį.
h) Viduržemio jūros lęšių ir daržovių troškinį patiekite karštą, papuoštą šviežiomis petražolėmis.

## 67.Ant grotelių keptos daržovės ir Halloumi iešmai

**INGRIDIENTAI:**
**DĖL VIEŠMŲ:**
- 1 raudona paprika, supjaustyta gabalėliais
- 1 geltona paprika, supjaustyta gabalėliais
- 1 cukinija, supjaustyta apskritimais
- 1 raudonasis svogūnas, supjaustytas kubeliais
- 8 vyšniniai pomidorai
- 8 mediniai iešmai, pamirkyti vandenyje
- 8 uncijos halloumi sūrio, supjaustyto kubeliais

**MARINADUI:**
- 2 šaukštai aukščiausios kokybės pirmojo spaudimo alyvuogių aliejaus
- 2 šaukštai citrinos sulčių
- 1 arbatinis šaukštelis džiovintų raudonėlių
- Druska ir pipirai pagal skonį

**INSTRUKCIJOS:**
a) Įkaitinkite grilį iki vidutinės-aukštos ugnies.
b) Ant išmirkytų medinių iešmelių pakaitomis suverkite papriką, cukiniją, raudonąjį svogūną, vyšninius pomidorus ir halloumi sūrį.
c) Mažame dubenyje sumaišykite aukščiausios kokybės pirmojo spaudimo alyvuogių aliejų, citrinos sultis, džiovintą raudonėlį, druską ir pipirus, kad pagamintumėte marinatą.
d) Iešmelius aptepkite marinatu.
e) Kepkite iešmelius ant grotelių maždaug 3–4 minutes iš kiekvienos pusės arba tol, kol daržovės suminkštės, o halloumi sūris lengvai apskrus.

## 68. Viduržemio jūros krevečių ir špinatų troškinys

**INGRIDIENTAI:**
- 8 uncijos didelės krevetės, nuluptos ir nuluptos
- 2 šaukštai aukščiausios kokybės pirmojo spaudimo alyvuogių aliejaus
- 2 skiltelės česnako, susmulkintos
- 6 puodeliai šviežių špinatų
- ½ puodelio vyšninių pomidorų, perpjautų per pusę
- 1 valgomasis šaukštas citrinos sulčių
- ½ arbatinio šaukštelio džiovinto raudonėlio
- Druska ir pipirai pagal skonį
- 1–2 cukinijos, perpjautos išilgai per pusę, supjaustytos ½ mėnulio griežinėliais
- 1 puodelis virtų avinžirnių iš konservuotų avinžirnių, nusausintų
- Fetos sūrio trupiniai (nebūtina)
- Sauja šviežių baziliko lapelių, suplėšytų

**INSTRUKCIJOS:**
a) Didelėje keptuvėje ant vidutinės ugnies įkaitinkite aukščiausios kokybės pirmojo spaudimo alyvuogių aliejų.
b) Suberkite susmulkintą česnaką ir patroškinkite apie 30 sekundžių, kol pasidarys kvapnus.
c) Sudėkite cukinijos griežinėlius ir kepkite 3–4 minutes arba tol, kol pradės minkštėti ir šiek tiek paruduos.
d) Nustumkite cukiniją į keptuvės šoną ir sudėkite krevetes.
e) Kepkite po 2–3 minutes iš kiekvienos pusės arba tol, kol pasidarys rausvos spalvos ir nepermatomos.
f) Į keptuvę sudėkite avinžirnius, vyšninius pomidorus ir šviežius špinatus. Troškinkite, kol špinatai suminkštės, o pomidorai suminkštės.
g) Apšlakstykite citrinos sultimis ir pabarstykite džiovintais raudonėliais, druska ir pipirais.
h) Sumaišykite ir kepkite dar minutę.
i) Jei norite, prieš patiekdami pabarstykite fetos sūrio trupiniais ir plėšytais šviežio baziliko lapeliais.

# GRAIKIJA VEGETARAS

## 69.Graikiškas Jackfruit Gyros

**INGRIDIENTAI:**
- Keturi papločiai
- Pusė puodelio daržovių sultinio
- Ketvirtadalis puodelio citrinos sulčių
- Vienas puodelis tzatziki padažo
- Pusė puodelio supjaustyto raudonojo svogūno
- Pusė puodelio pjaustytų pomidorų
- Pusė puodelio romėnų salotų
- Vienas valgomasis šaukštas malto česnako
- Vienas puodelis pomidorų pastos
- Du šaukštai alyvuogių aliejaus
- Vienas šaukštas česnako miltelių
- Vienas valgomasis šaukštas džiovintų čiobrelių
- Pusė arbatinio šaukštelio malto cinamono
- Du šaukštai čili miltelių
- Ketvirtadalis šaukštelio šviežio muskato riešuto
- Žiupsnelis jūros druskos
- Du puodeliai jackfruit gabalėlių

**INSTRUKCIJOS:**
a) Paimkite didelę keptuvę.
b) Į keptuvę įpilkite alyvuogių aliejaus ir česnako.
c) Suberkite raudonėlį, pomidorų pastą, rūkytą papriką, muskato riešutą, čili miltelius, čiobrelius ir druską.
d) Į keptuvę supilkite daržovių sultinį, citrinos sultis ir jackfrutų gabalėlius.
e) Gerai kepkite ingredientus apie penkias minutes.
f) Kepkite papločius apie dvi tris minutes.
g) Supjaustykite papločius, kad susidarytumėte maišelio struktūrą.
h) Išvirtą mišinį supilkite į paplotį ir išklokite tzatziki padažu, romėnų salotomis, griežinėliais pjaustytais pomidorais ir raudonaisiais svogūnais.

# 70. Graikų veganų Skordalia

**INGRIDIENTAI:**
- Ketvirtadalis puodelio migdolų miltų
- Pusė stiklinės alyvuogių aliejaus
- Viena rusva bulvė
- Du šaukštai citrinos sulčių
- Du arbatiniai šaukšteliai raudonojo vyno acto
- Dešimt skiltelių susmulkinto česnako
- Pusė šaukštelio druskos

**INSTRUKCIJOS:**
a) Paimkite puodą.
b) Puode išvirkite bulves.
c) Baigę nusausinkite bulves.
d) Sutrinkite bulves.
e) Į bulvių košę įpilkite česnako, citrinos sulčių, migdolų miltų, druskos, raudonojo vyno acto ir alyvuogių aliejaus.
f) Viską gerai išmaišyti.

# 71. Graikiškos Orzo makaronų salotos su veganiška feta

**INGRIDIENTAI:**
- Vienas susmulkintas raudonasis svogūnas
- Aštuonios uncijos orzo makaronų
- Pusė puodelio Kalamata alyvuogių
- Du puodeliai vyšninių pomidorų
- Pusė puodelio kapotų petražolių
- Du puodeliai veganiško sūrio
- Vienas susmulkintas agurkas
- Vienas puodelis citrinų padažo

**INSTRUKCIJOS:**
a) Paimkite puodą ir įpilkite į jį vandens.
b) Užvirinkite vandenį ir sudėkite į jį orzo makaronus.
c) Baigę nusausinkite orzo makaronus.
d) Į makaronus sudėkite likusius ingredientus.
e) Viską gerai išmaišyti.

## 72. Graikiškas avinžirnių giroskopas

**INGRIDIENTAI:**
- Keturi papločiai
- Pusė puodelio daržovių sultinio
- Ketvirtadalis puodelio citrinos sulčių
- Vienas puodelis tzatziki padažo
- Pusė puodelio supjaustyto raudonojo svogūno
- Pusė puodelio pjaustytų pomidorų
- Pusė puodelio romėnų salotų
- Vienas valgomasis šaukštas malto česnako
- Vienas puodelis pomidorų pastos
- Du šaukštai alyvuogių aliejaus
- Vienas šaukštas česnako miltelių
- Vienas valgomasis šaukštas džiovintų čiobrelių
- Pusė arbatinio šaukštelio malto cinamono
- Du šaukštai čili miltelių
- Ketvirtadalis šaukštelio šviežio muskato riešuto
- Žiupsnelis jūros druskos
- Du puodeliai avinžirnių gabalėlių

**INSTRUKCIJOS:**
a) Paimkite didelę keptuvę.
b) Į keptuvę įpilkite alyvuogių aliejaus ir česnako.
c) Suberkite raudonėlį, pomidorų pastą, rūkytą papriką, muskato riešutą, čili miltelius, čiobrelius ir druską.
d) Į keptuvę supilkite daržovių sultinį, citrinos sultis ir avinžirnių gabalėlius.
e) Gerai kepkite ingredientus apie dvidešimt minučių.
f) Kepkite papločius apie dvi tris minutes.
g) Supjaustykite papločius, kad susidarytumėte maišelio struktūrą.
h) Išvirtą mišinį supilkite į paplotį ir išklokite tzatziki padažu, romėnų salotomis, griežinėliais pjaustytais pomidorais ir raudonaisiais svogūnais.

## 73.Graikijos vegetaras Moussaka

**INGRIDIENTAI:**
- Vienas valgomasis šaukštas malto česnako
- Du šaukštai šviežių kapotų krapų
- Vienas puodelis fetos sūrio
- Du puodeliai cukinijų gabalėlių
- Žiupsnelis druskos
- Žiupsnelis maltų juodųjų pipirų
- Vienas puodelis baklažanų gabalėlių
- Du šaukštai alyvuogių aliejaus
- Trys puodeliai kūdikių špinatų
- Du puodeliai rusvų bulvių
- Vienas puodelis pjaustytų svogūnų
- Du puodeliai pomidorų padažo
- Du puodeliai bešamelio padažo

**INSTRUKCIJOS:**
a) Paimkite didelį dubenį.
b) Į dubenį sudėkite baklažanus, cukinijos gabaliukus, bulves, špinatus.
c) Dubenyje sumaišykite alyvuogių aliejų, druską ir maltus juoduosius pipirus.
d) Kepkite ingredientus orkaitėje apie dvidešimt minučių.
e) Paimkite didelę keptuvę.
f) Į keptuvę įpilkite alyvuogių aliejaus ir svogūnų.
g) Kepkite svogūnus, kol jie taps minkšti.
h) Į keptuvę suberkite susmulkintą česnaką.
i) Gerai išvirkite ingredientus.
j) Į keptuvę įpilkite fetos sūrio, druskos ir juodųjų pipirų.
k) Visus ingredientus gerai išmaišykite ir suberkite susmulkintus krapus
l) keptuvę.
m) Į keptuvę sudėkite iškeptas daržoves ir viską išmaišykite
n) gerai.
o) Ant daržovių mišinio supilkite pomidorų padažą ir bešamelio padažą.
p) Kepkite dar dešimt minučių.

## 74.Graikiškos keptos cukinijos ir bulvės

**INGRIDIENTAI:**
- Pusė puodelio kapotų petražolių
- Du šaukštai raudonėlio lapų
- Vienas valgomasis šaukštas rozmarino lapų
- Du šaukštai petražolių lapų
- Pusė puodelio susmulkinto svogūno
- Du šaukštai alyvuogių aliejaus
- Pusė puodelio baziliko lapelių
- Vienas puodelis raudonųjų paprikų
- Vienas valgomasis šaukštas maltų raudonųjų pipirų
- Pusė arbatinio šaukštelio pankolio lapų
- Žiupsnelis košerinės druskos
- Žiupsnelis juodųjų pipirų
- Vienas puodelis baklažanų gabalėlių
- Vienas puodelis cukinijų gabalėlių
- Vienas puodelis susmulkintų česnakų
- Vienas puodelis vyšninių pomidorų
- Pusė puodelio pikantiškų vasaros šakelių
- Du šaukštai malto česnako
- Du šaukštai džiovintų čiobrelių

**INSTRUKCIJOS:**
a) Paimkite didelę keptuvę.
b) Į ją įpilkite alyvuogių aliejaus ir susmulkintų svogūnų.
c) Kepkite svogūnus, kol jie taps šviesiai rudi.
d) Į keptuvę suberkite susmulkintą česnaką.
e) Virkite mišinį penkias minutes.
f) Pagardinkite mišinį druska ir pipirais.
g) Suberkite prieskonius ir visas daržoves.
h) Dubenyje susmulkinkite vyšninius pomidorus ir įberkite druskos.
i) Supilkite mišinį į lėkštę, kai daržovės bus paruoštos.
j) Į keptuvę sudėkite susmulkintus pomidorus.
k) Virkite pomidorus dešimt minučių arba tol, kol jie taps minkšti.
l) Dar kartą įdėkite daržovių mišinį į keptuvę.
m) Į keptuvę sudėkite likusius ingredientus ir kepkite apie penkiolika minučių.

## 75. Graikiški vegetariški ryžiai

## INGRIDIENTAI:
- Trys puodeliai pjaustytų daržovių mišinių
- Du arbatiniai šaukšteliai citrinos sulčių
- Pusė puodelio pjaustytų svogūnų
- Du šaukštai malto česnako
- Du šaukštai alyvuogių aliejaus
- Žiupsnelis druskos
- Žiupsnelis juodųjų pipirų
- Ketvirtadalis puodelio džiovintų mėtų
- Du šaukštai smulkintų šviežių krapų
- Du svarai ryžių grūdų
- Du puodeliai pomidorų pastos
- Du puodeliai vandens

## INSTRUKCIJOS:
a) Paimkite didelį puodą.
b) Į keptuvę įpilkite vandens ir pagardinkite druska.
c) Užvirinkite vandenį, tada į jį įpilkite ryžių.
d) Išvirkite ryžius ir tada nusausinkite.
e) Paimkite didelę keptuvę.
f) Įpilkite alyvuogių aliejaus ir gerai įkaitinkite.
g) Į keptuvę suberkite susmulkintus svogūnus ir pakepinkite, kol taps minkšti ir kvapnūs.
h) Į keptuvę sudėkite susmulkintą česnaką.
i) Į keptuvę sudėkite daržoves, pomidorų pastą, citrinos sultis, druską ir maltus juoduosius pipirus.
j) Virkite ingredientus apie dešimt minučių.
k) Į keptuvę suberkite virtus ryžius ir gerai išmaišykite.
l) Į keptuvę suberkite džiovintas mėtas ir smulkintus krapus.
m) Ant keptuvės viršaus uždėkite dangtį.
n) Virkite ryžius apie penkias minutes ant silpnos ugnies.

## 76. Graikas Gigantes Plaki

**INGRIDIENTAI:**
- Keturi šaukštai smulkiai pjaustytų salierų
- Pusė puodelio karšto vandens
- Du puodeliai smulkiai pjaustytų pomidorų
- Vienas arbatinis šaukštelis džiovintų raudonėlio lapų
- Žiupsnelis šviežiai grūstų juodųjų pipirų
- Žiupsnelis košerinės druskos
- Pusė puodelio alyvuogių aliejaus
- Du šaukštai malto česnako
- Du puodeliai gigantes plaki
- Pusė puodelio susmulkinto svogūno
- Keturi šaukštai smulkiai pjaustytų petražolių

**INSTRUKCIJOS:**
a) Paimkite keptuvę.
b) Įpilkite alyvuogių aliejaus ir svogūnų.
c) Kepkite svogūnus, kol jie taps minkšti ir kvapnūs.
d) Į keptuvę sudėkite susmulkintą česnaką.
e) Virkite mišinį ir sudėkite į jį pomidorus.
f) Uždenkite indą dangčiu.
g) Virkite pomidorus, kol jie taps minkšti.
h) Sudėkite pupeles į keptuvę.
i) Virkite penkias minutes.
j) Į keptuvę įpilkite vandens, druskos ir juodųjų pipirų.
k) Kruopščiai sumaišykite ingredientus ir uždenkite keptuvę.
l) Kai pupelės išvirs, jas išpilstykite.
m) Patiekalą papuoškite pjaustytais salierais ir petražolių lapeliais ant viršaus.

## 77.Graikiški pomidorų troškiniai

**INGRIDIENTAI:**
- Vienas puodelis pjaustytų pomidorų
- Vienas puodelis raudonųjų svogūnų
- Vienas puodelis gramų miltų
- Žiupsnelis druskos
- Du šaukštai sumaišytų prieskonių
- Pusė puodelio kapotų krapų
- Pusė puodelio kapotos kalendros
- Daržovių aliejus

**INSTRUKCIJOS:**
a) Paimkite didelį dubenį.
b) Sudėkite viską į dubenį ir gerai išmaišykite.
c) Į dubenį įpilkite vandens, kad susidarytų mišinys.
d) Įkaitinkite keptuvę ir įpilkite į ją augalinio aliejaus.
e) Į keptuvę atsargiai įpilkite šaukštą tešlos ir kepkite keletą minučių.
f) Išpilkite, kai kepiniai pasidarys šviesiai rudi.

## 78.Graikiški avinžirnių pyragaičiai

**INGRIDIENTAI:**
- Vienas puodelis plikytų avinžirnių
- Vienas puodelis raudonųjų svogūnų
- Vienas puodelis gramų miltų
- Žiupsnelis druskos
- Du šaukštai sumaišytų prieskonių
- Pusė puodelio kapotų krapų
- Pusė puodelio kapotos kalendros
- Daržovių aliejus

**INSTRUKCIJOS:**
a) Paimkite didelį dubenį.
b) Sudėkite viską į dubenį ir gerai išmaišykite.
c) Į dubenį įpilkite vandens, kad susidarytų mišinys.
d) Įkaitinkite keptuvę ir įpilkite į ją augalinio aliejaus.
e) Į keptuvę atsargiai įpilkite šaukštą tešlos ir kepkite keletą minučių.
f) Išpilkite, kai kepiniai pasidarys šviesiai rudi.

# 79. Graikiškas baltųjų pupelių troškinys

## INGRIDIENTAI:
- Vienas puodelis pjaustytų svogūnų
- Vienas puodelis kapotų petražolių
- Vienas puodelis daržovių sultinio
- Vienas puodelis vandens
- Žiupsnelis druskos
- Žiupsnelis juodųjų pipirų
- Du šaukštai alyvuogių aliejaus
- Vienas svaras baltųjų pupelių
- Pusė šaukšto susmulkinto česnako
- Du puodeliai pjaustytų pomidorų
- Pusė puodelio kapotų šviežių čiobrelių
- Pusė puodelio kapotų šviežių raudonėlių
- Pusė puodelio kapotų šviežių česnakų
- Vienas arbatinis šaukštelis sumaišytų prieskonių miltelių
- Pusė šaukštelio rūkytos paprikos
- Vienas lauro lapas

## INSTRUKCIJOS:
a) Paimkite didelę keptuvę.
b) Į ją sudėkite pjaustytus svogūnus ir alyvuogių aliejų.
c) Gerai išmaišykite ingredientus.
d) Į keptuvę sudėkite susmulkintą česnaką.
e) Į keptuvę suberkite pomidorus, raudonėlį, lauro lapą, druską, juoduosius pipirus, čiobrelius, rūkytą papriką, sumaišykite prieskonių miltelius ir laiškinius česnakus.
f) Gerai išvirkite ingredientus.
g) Į mišinį įpilkite baltųjų pupelių.
h) Į keptuvę įpilkite daržovių sultinio ir vandens.
i) Troškinį gerai išmaišykite.
j) Ant keptuvės viršaus uždėkite dangtį.
k) Troškinį virkite dešimt–penkiolika minučių.
l) Ištraukite troškinį, kai pupelės baigsis.
m) Patiekalą papuoškite kapotomis petražolėmis ant viršaus.

## 80.Graikas vegetaras Bamie s

**INGRIDIENTAI:**
- Vienas puodelis pjaustytų svogūnų
- Vienas puodelis kapotų petražolių
- Vienas puodelis daržovių sultinio
- Vienas puodelis vandens
- Žiupsnelis druskos
- Žiupsnelis juodųjų pipirų
- Du šaukštai alyvuogių aliejaus
- Vienas svaras okra
- Pusė šaukšto susmulkinto česnako
- Du puodeliai pjaustytų pomidorų
- Pusė puodelio kapotų šviežių čiobrelių
- Pusė puodelio kapotų šviežių raudonėlių
- Pusė puodelio kapotų šviežių česnakų
- Vienas arbatinis šaukštelis sumaišytų prieskonių miltelių
- Pusė šaukštelio rūkytos paprikos
- Vienas lauro lapas

**INSTRUKCIJOS:**
a) Paimkite didelę keptuvę.
b) Į ją sudėkite pjaustytus svogūnus ir alyvuogių aliejų.
c) Gerai išmaišykite ingredientus.
d) Į keptuvę sudėkite susmulkintą česnaką.
e) Į keptuvę suberkite pomidorus, raudonėlį, lauro lapą, druską, juoduosius pipirus, čiobrelius, rūkytą papriką, sumaišykite prieskonių miltelius ir laiškinius česnakus.
f) Gerai išvirkite ingredientus.
g) Į mišinį įpilkite okra gabalėlių.
h) Į keptuvę įpilkite daržovių sultinio ir vandens.
i) Troškinį gerai išmaišykite.
j) Ant keptuvės viršaus uždėkite dangtį.
k) Troškinį virkite dešimt–penkiolika minučių.
l) Iškepkite troškinį, kai daržovės bus paruoštos.
m) Patiekalą papuoškite kapotomis petražolėmis ant viršaus.

## 81. Graikiški ant grotelių kepti daržovių dubenys

**INGRIDIENTAI:**
- Vienas susmulkintas raudonasis svogūnas
- Vienas puodelis baklažanų gabalėlių
- Vienas puodelis cukinijų gabalėlių
- Du puodeliai vyšninių pomidorų
- Pusė puodelio kapotų petražolių
- Du puodeliai fetos sūrio
- Vienas puodelis paprikų
- Vienas puodelis grybų
- Vienas puodelis citrinų padažo

**INSTRUKCIJOS:**
a) Paimkite grilio keptuvę ir į ją įpilkite alyvuogių aliejaus.
b) Ant jo kepkite daržoves.
c) Baigę išimkite daržovę.
d) Sudėkite likusius ingredientus į daržoves.
e) Viską gerai išmaišyti.

## 82.Daržovių rutuliukai su Tahini citrinų padažu

**INGRIDIENTAI:**
- Vienas susmulkintas raudonasis svogūnas
- Dvi susmulkintos česnako skiltelės
- Žiupsnelis druskos
- Žiupsnelis juodųjų pipirų
- Pusė puodelio mėtų lapelių
- Du puodeliai tarkuotų daržovių mišinių
- Pusė arbatinio šaukštelio raudonėlio
- Vienas kiaušinis
- Du šaukštai alyvuogių aliejaus
- Vienas puodelis tahini citrinų padažo

**INSTRUKCIJOS:**
a) Paimkite didelį dubenį.
b) Į dubenį sudėkite tarkuotas daržoves, prieskonius, mėtas, svogūną, česnaką ir kiaušinį.
c) Visus ingredientus gerai išmaišykite ir suformuokite apvalius rutuliukus.
d) Daržovių rutuliukus pakepinkite alyvuogių aliejuje, kol jie taps auksinės spalvos.
e) Išmuškite rutuliukus.
f) Patiekite rutuliukus su tahini citrinų padažu ant šono.

## 83.Graikiškos keptos daržovės

## INGRIDIENTAI:

- Pusė puodelio kapotų petražolių
- Du šaukštai raudonėlio lapų
- Vienas valgomasis šaukštas rozmarino lapų
- Du šaukštai petražolių lapų
- Pusė puodelio susmulkinto svogūno
- Du šaukštai alyvuogių aliejaus
- Pusė puodelio baziliko lapelių
- Vienas valgomasis šaukštas maltų raudonųjų pipirų
- Pusė arbatinio šaukštelio pankolio lapų
- Žiupsnelis košerinės druskos
- Žiupsnelis juodųjų pipirų
- Trys puodeliai sumaišytų daržovių gabaliukų
- Vienas puodelis susmulkintų česnakų
- Vienas puodelis vyšninių pomidorų
- Pusė puodelio pikantiškų vasaros šakelių
- Du šaukštai malto česnako
- Du šaukštai džiovintų čiobrelių

## INSTRUKCIJOS:

a) Paimkite didelę keptuvę.
b) Į ją įpilkite alyvuogių aliejaus ir susmulkintų svogūnų.
c) Kepkite svogūnus, kol jie taps šviesiai rudi.
d) Į keptuvę suberkite susmulkintą česnaką.
e) Virkite mišinį penkias minutes.
f) Pagardinkite mišinį druska ir pipirais.
g) Suberkite prieskonius ir visas daržoves.
h) Dubenyje susmulkinkite vyšninius pomidorus ir įberkite druskos.
i) Supilkite mišinį į lėkštę, kai daržovės bus paruoštos.
j) Į keptuvę sudėkite susmulkintus pomidorus.
k) Virkite pomidorus dešimt minučių arba tol, kol jie taps minkšti.
l) Dar kartą įdėkite daržovių mišinį į keptuvę.
m) Į keptuvę sudėkite likusius ingredientus ir kepkite apie penkiolika minučių.

## 84. Graikiškas Aubergine ir pomidorų troškinys

**INGRIDIENTAI:**
- Vienas puodelis pjaustytų svogūnų
- Vienas puodelis kapotų petražolių
- Vienas puodelis daržovių sultinio
- Vienas puodelis vandens
- Žiupsnelis druskos
- Žiupsnelis juodųjų pipirų
- Du šaukštai alyvuogių aliejaus
- Vienas svaras aborigenų
- Pusė šaukšto susmulkinto česnako
- Du puodeliai pjaustytų pomidorų
- Pusė puodelio kapotų šviežių čiobrelių
- Pusė puodelio kapotų šviežių raudonėlių
- Pusė puodelio kapotų šviežių česnakų
- Vienas arbatinis šaukštelis sumaišytų prieskonių miltelių
- Pusė šaukštelio rūkytos paprikos
- Vienas lauro lapas

**INSTRUKCIJOS:**
a) Paimkite didelę keptuvę.
b) Į ją sudėkite pjaustytus svogūnus ir alyvuogių aliejų.
c) Gerai išmaišykite ingredientus.
d) Į keptuvę sudėkite susmulkintą česnaką.
e) Į keptuvę suberkite pomidorus, raudonėlį, lauro lapą, druską, juoduosius pipirus, čiobrelius, rūkytą papriką, sumaišykite prieskonių miltelius ir laiškinius česnakus.
f) Gerai išvirkite ingredientus.
g) Į mišinį įpilkite aborigenų.
h) Į keptuvę įpilkite daržovių sultinio ir vandens.
i) Troškinį gerai išmaišykite.
j) Ant keptuvės viršaus uždėkite dangtį.
k) Troškinį virkite dešimt–penkiolika minučių.
l) Iškepkite troškinį, kai daržovės bus paruoštos.
m) Patiekalą papuoškite kapotomis petražolėmis ant viršaus.

## 85.Graikiškas avokadas Tartine

**INGRIDIENTAI:**
- Pusė puodelio citrinos sulčių
- Keturios riekelės Tartine duonos
- Pusė puodelio vyšninių pomidorų
- Pusė puodelio aukščiausios kokybės pirmojo spaudimo alyvuogių aliejaus
- Pusė puodelio trupinto sūrio
- Susmulkinti raudonieji čili pipirai
- Ketvirtadalis puodelio krapų
- Du puodeliai susmulkinto avokado
- Žiupsnelis druskos
- Žiupsnelis juodųjų pipirų

**INSTRUKCIJOS:**
a) Paimkite didelį dubenį.
b) Sudėkite visus ingredientus, išskyrus duonos riekeles.
c) Sumaišykite visus ingredientus.
d) Paskrudinkite tartino duonos riekeles
e) Gautą mišinį paskleiskite ant duonos riekelių.

## 86. Graikiški špinatų ryžiai

**INGRIDIENTAI:**
- Trys puodeliai kapotų špinatų
- Du arbatiniai šaukšteliai citrinos sulčių
- Pusė puodelio pjaustytų svogūnų
- Du šaukštai malto česnako
- Du šaukštai alyvuogių aliejaus
- Žiupsnelis druskos
- Žiupsnelis juodųjų pipirų
- Ketvirtadalis puodelio džiovintų mėtų
- Du šaukštai smulkintų šviežių krapų
- Du svarai ryžių grūdų
- Du puodeliai pomidorų pastos
- Du puodeliai vandens

**INSTRUKCIJOS:**
a) Paimkite didelį puodą.
b) Į keptuvę įpilkite vandens ir pagardinkite druska.
c) Užvirinkite vandenį, tada į jį įpilkite ryžių.
d) Išvirkite ryžius ir tada nusausinkite.
e) Paimkite didelę keptuvę.
f) Įpilkite alyvuogių aliejaus ir gerai įkaitinkite.
g) Į keptuvę suberkite susmulkintus svogūnus ir pakepinkite, kol taps minkšti ir kvapnūs.
h) Į keptuvę sudėkite susmulkintą česnaką.
i) Į keptuvę įpilkite špinatų, pomidorų pastos, citrinos sulčių, druskos ir maltų juodųjų pipirų.
j) Virkite ingredientus apie dešimt minučių.
k) Į keptuvę suberkite virtus ryžius ir gerai išmaišykite.
l) Į keptuvę suberkite džiovintas mėtas ir smulkintus krapus.
m) Ant keptuvės viršaus uždėkite dangtį.
n) Virkite ryžius apie penkias minutes ant silpnos ugnies.

## 87. Graikiška Avgolemono sriuba

**INGRIDIENTAI:**
- Pusė puodelio kapotų šviežių čiobrelių
- Pusė puodelio kapotų šviežių raudonėlių
- Pusė puodelio kapotų šviežių česnakų
- Vienas arbatinis šaukštelis sumaišytų prieskonių miltelių
- Pusė šaukštelio rūkytos paprikos
- Vienas lauro lapas
- Žiupsnelis druskos
- Žiupsnelis juodųjų pipirų
- Du šaukštai alyvuogių aliejaus
- Vienas svaras vištienos gabalėlių
- Pusė šaukšto susmulkinto česnako
- Du puodeliai pjaustytų pomidorų
- Vienas puodelis pjaustytų svogūnų
- Vienas puodelis kapotų petražolių
- Vienas puodelis daržovių sultinio
- Vienas puodelis vandens
- Pusė puodelio citrinos sulčių

**INSTRUKCIJOS:**
a) Paimkite didelę keptuvę.
b) Į ją sudėkite pjaustytus svogūnus ir alyvuogių aliejų.
c) Gerai išmaišykite ingredientus.
d) Į keptuvę sudėkite susmulkintą česnaką.
e) Į keptuvę suberkite pomidorus, raudonėlį, lauro lapą, druską, juoduosius pipirus, čiobrelius, rūkytą papriką, sumaišykite prieskonių miltelius ir laiškinius česnakus.
f) Gerai išvirkite ingredientus.
g) Į mišinį įpilkite vištienos gabalėlių ir citrinos sulčių.
h) Į keptuvę įpilkite daržovių sultinio ir vandens.
i) Sriubą gerai išmaišykite.
j) Ant keptuvės viršaus uždėkite dangtį.
k) Virkite sriubą nuo dešimties iki penkiolikos minučių.
l) Iškepkite sriubą, kai iškeps vištienos gabalėliai.
m) Patiekalą papuoškite kapotomis petražolėmis ant viršaus.

## 88. Graikiškas daržovių pitas

**INGRIDIENTAI:**
- Du šaukštai alyvuogių aliejaus
- Du gabalėliai pita duonos
- Du dideli kiaušiniai
- Vienas prinokęs vyšninis pomidoras
- Du puodeliai sumaišytų daržovių
- Vienas puodelis susmulkinto svogūno
- Pusė puodelio susmulkinto baziliko
- Ketvirtadalis puodelio trupinto fetos sūrio
- Žiupsnelis druskos
- Žiupsnelis juodųjų pipirų
- Krūva susmulkintos kalendros

**INSTRUKCIJOS:**
a) Paimkite didelę keptuvę.
b) Į keptuvę įpilkite alyvuogių aliejaus.
c) Į keptuvę suberkite svogūną ir druską.
d) Svogūnus gerai apkepkite ir į keptuvę įberkite juodųjų pipirų.
e) Į mišinį sudėkite sumaišytas daržoves.
f) Į mišinį suberkite susmulkintą baziliką.
g) Gerai kepkite ingredientus apie penkiolika minučių.
h) Ištraukite, kai daržovės bus paruoštos.
i) Leiskite mėsai atvėsti, tada suberkite trupintą fetos sūrį.
j) Gerai ismaisyti.
k) Pašildykite pita duoną.
l) Duonoje išpjaukite duobutę ir supilkite į ją išvirtą mišinį.
m) Duoną papuoškite smulkinta kalendra.

# GRAIKiškas DESERTAS

# 89.Graikiški sviestiniai sausainiai

**INGRIDIENTAI:**
- Pusė arbatinio šaukštelio muskato riešuto
- Vienas arbatinis šaukštelis vanilės ekstrakto
- Trys su puse stiklinės miltų
- Pusė puodelio cukraus
- Puodelis sūdyto sviesto
- Vienas valgomasis šaukštas mielių
- Du dideli kiaušiniai
- Pusė arbatinio šaukštelio košerinės druskos

**INSTRUKCIJOS:**
a) Paimkite didelį dubenį.
b) Į dubenį sudėkite sausus ingredientus.
c) Visus ingredientus gerai išmaišykite.
d) Į dubenį su dviem šaukštais karšto vandens supilkite baltąjį cukrų ir mieles.
e) Mielių mišinį padėkite į drėgną vietą.
f) Į šlapius ingredientus įpilkite sviesto.
g) Į sausainių mišinį įpilkite mielių mišinio ir kiaušinių.
h) Supilkite gautą mišinį į vamzdžių maišelį.
i) Ant kepimo indo padarykite nedidelius apvalius sausainius ir iškepkite sausainius.
j) Baigę išdėliokite sausainius.
k) Patiekalas paruoštas patiekti.

# 90.Graikiškas medaus sausainis s

**INGRIDIENTAI:**
- Pusė arbatinio šaukštelio muskato riešuto
- Vienas arbatinis šaukštelis vanilės ekstrakto
- Trys su puse stiklinės miltų
- Pusė puodelio medaus
- Pusė puodelio aliejaus
- Vienas valgomasis šaukštas mielių
- Du dideli kiaušiniai
- Pusė arbatinio šaukštelio košerinės druskos

**INSTRUKCIJOS:**
a) Paimkite didelį dubenį.
b) Į dubenį sudėkite sausus ingredientus.
c) Visus ingredientus gerai išmaišykite.
d) Į dubenį su dviem šaukštais karšto sudėkite medų ir mieles
e) vandens.
f) Mielių mišinį padėkite į drėgną vietą.
g) Į šlapius ingredientus įpilkite aliejaus.
h) Į sausainių mišinį įpilkite mielių mišinio ir kiaušinių.
i) Supilkite gautą mišinį į vamzdžių maišelį.
j) Ant kepimo indo padarykite nedidelius apvalius sausainius ir iškepkite sausainius.
k) Baigę išdėliokite sausainius.
l) Patiekalas paruoštas patiekti.

# 91. Graikiškas riešutų pyragas

**INGRIDIENTAI:**
- Vienas puodelis vanilinio padažo
- Pusė puodelio sviesto
- Ketvirtadalis puodelio cukraus
- Ketvirtadalis šaukštelio malto kardamono
- Puodelis miltų
- Žiupsnelis kepimo sodos,
- Vienas kiaušinis
- Puodelis pjaustytų migdolų
- Dėl šerkšno
- Pusė puodelio vanilinio padažo
- Pusė puodelio riebios grietinėlės
- Pusė puodelio sviesto
- Pusė puodelio rudojo cukraus
- Ketvirtadalis šaukštelio cinamono

**INSTRUKCIJOS:**
a) Paimkite didelį dubenį.
b) Sudėkite pyrago tešlą ir sumaišykite visus ingredientus.
c) Padarykite tešlą ir supilkite į kepimo indą.
d) Įsitikinkite, kad kepimo indas tinkamai išteptas riebalais ir išklotas kepimo popieriumi.
e) Įpilkite graikinių riešutų mišinio ir sumaišykite visus ingredientus.
f) Iškepkite pyragą.
g) Baigę išpilkite.
h) Padarykite vanilės ir grietinėlės glaistą, pirmiausia plakdami sviestą ir grietinėlę, kol jie taps purūs.
i) Sudėkite likusius ingredientus ir plakite penkias minutes.
j) Ant pyrago viršaus uždėkite vanilės ir grietinėlės glajų.
k) Būtinai aptepkite visas torto puses glaistu.
l) Pyragą supjaustykite griežinėliais.
m) Patiekalas paruoštas patiekti.

## 92. Graikų Baklava

**INGRIDIENTAI:**
- Aštuonios uncijos sviesto
- Pakuotė filo lakštų
- Šaukštelis vanilės ekstrakto
- Pusė puodelio kapotų riešutų (jūsų pasirinkimas)
- Puodelis medaus
- Puodelis cukraus
- Šaukštelis malto cinamono
- Puodelis vandens

**INSTRUKCIJOS:**
a) Paimkite didelį dubenį.
b) Įdėkite į jį sviestą ir gerai išplakite.
c) Į sviesto dubenį sudėkite riešutus, cinamoną ir medų.
d) Gerai išmaišykite ingredientus.
e) Į dubenį suberkite džiovintas mėtas ir gerai išmaišykite.
f) Išklokite filo lakštus į riebalais išteptą kepimo skardą.
g) Įdėkite riešutų mišinį į filo lakštus ir uždenkite daugiau filo lakštų.
h) Baklavą kepkite apie keturiasdešimt minučių.
i) Į puodą įpilkite cukraus ir vandens ir virkite.
j) Išpjaukite baklavą ir supjaustykite gabalėliais.
k) Ant baklavos viršaus užpilkite cukraus sirupą
l) Supilkite baklavą.
m) Patiekalas paruoštas patiekti.

## 93.Malonus ananasų kremas

**INGRIDIENTAI:**
- 2 puodeliai šaldytų ananasų gabaliukų
- 1 prinokęs bananas, nuluptas ir sušaldytas
- ½ puodelio kokoso pieno
- 1 valgomasis šaukštas medaus arba klevų sirupo (nebūtina)
- 1 arbatinis šaukštelis vanilės ekstrakto (nebūtina)
- Šviežių ananasų griežinėliai ir mėtų lapeliai papuošimui (nebūtina)

**INSTRUKCIJOS:**
a) Įsitikinkite, kad tiek šaldyti ananasų gabaliukai, tiek šaldytas bananas yra tinkamai užšaldyti. Galite juos užšaldyti kelioms valandoms arba per naktį.
b) Virtuvės kombainu arba greitaeigiu trintuvu sumaišykite šaldytus ananasus, šaldytus bananus, kokosų pieną ir medų (arba klevų sirupą, jei naudojate).
c) Jei norite, įpilkite vanilės ekstrakto, kad gautumėte papildomo skonio.
d) Sumaišykite visus ingredientus iki vientisos ir kreminės masės. Gali tekti sustoti ir kelis kartus nubraukti šonus, kad užtikrintumėte tolygų susimaišymą.
e) Paragaukite gražaus kremo ir, jei reikia, sureguliuokite saldumą, įpilkite daugiau medaus ar klevų sirupo.
f) Kai mišinys gerai išmaišomas ir įgaus vientisą, ledų konsistenciją, jis paruoštas.
g) Galite mėgautis iš karto kaip minkštus ledus arba sudėti į indą ir užšaldyti, kad tekstūra būtų tvirtesnė.
h) Jei užšaldote, kad gautumėte tvirtesnę tekstūrą, prieš išskobdami keletą minučių leiskite jam pastovėti kambario temperatūroje.
i) Papuoškite savo Pineapple Nice Cream šviežių ananasų griežinėliais ir mėtų lapeliais, kad vaizdas būtų gražus (nebūtina).
j) Patiekite ir mėgaukitės skaniu ir sveiku ananasų kremu!

## 94. Graikiškas apelsinų pyragas

**INGRIDIENTAI:**

- Puodelis apelsinų sulčių
- Pusė puodelio sviesto
- Ketvirtadalis puodelio cukraus
- Ketvirtadalis šaukštelio malto kardamono
- Puodelis miltų
- Žiupsnelis kepimo sodos,
- Kiaušinis
- Du arbatiniai šaukšteliai apelsino žievelės

**INSTRUKCIJOS:**
a) Paimkite didelį dubenį.
b) Sudėkite pyrago tešlą ir sumaišykite visus ingredientus.
c) Padarykite tešlą ir supilkite į kepimo indą.
d) Įsitikinkite, kad kepimo indas tinkamai išteptas riebalais ir išklotas kepimo popieriumi.
e) Iškepkite pyragą.
f) Baigę išpilkite.
g) Pyragą supjaustykite griežinėliais.
h) Patiekalas paruoštas patiekti.

## 95. Graikiškos spurgos (Loukoumades)

**INGRIDIENTAI:**
- Pusė puodelio sviesto
- Aštuoni kiaušiniai
- Du puodeliai cukraus
- Trys puodeliai miltų
- Puodelis pieno
- Šaukštas kepimo miltelių
- Du šaukštai grietinės
- Šaukštelis kardamono cukraus
- Arbatinis šaukštelis sodos
- Du šaukštai medaus

**INSTRUKCIJOS:**
a) Dideliame dubenyje sumaišykite visus ingredientus, išskyrus kardamono cukrų ir medų.
b) Iš gautos masės suformuokite pusiau tirštą tešlą.
c) Įkaitinkite pilną keptuvę aliejaus.
d) Spurgų pjaustyklės pagalba padarykite apvalią, į spurgą panašią struktūrą.
e) Apkepkite spurgas.
f) Leiskite spurgoms atvėsti.
g) Ant spurgų užlašinkite medaus.
h) Visas spurgas suberkite cinamono cukrumi.

## 96.Graikiškas pieno varškės pudingas

**INGRIDIENTAI:**
- Du puodeliai nenugriebto pieno
- Du puodeliai vandens
- Keturi šaukštai kukurūzų krakmolo
- Keturi šaukštai baltojo cukraus
- Du kiaušinių tryniai
- Ketvirtadalis arbatinio šaukštelio cinamono miltelių

**INSTRUKCIJOS:**
a) Paimkite didelį puodą.
b) Įpilkite vandens ir nenugriebto pieno.
c) Leiskite skysčiui virti penkias minutes.
d) Į pieno mišinį supilkite kiaušinių trynius ir cukrų.
e) Visus ingredientus gerai virkite trisdešimt minučių arba tol, kol pradės tirštėti.
f) Nuolat maišykite.
g) Ant viršaus suberkite cinamono miltelius.
h) Patiekalas paruoštas patiekti.

## 97. Graikiškų migdolų sirupo pyragaičiai

**INGRIDIENTAI:**

- Aštuonios uncijos migdolų sirupo
- Pakuotė filo lakštų
- Šaukštelis džiovinto muskato riešuto
- Pusė puodelio kapotų riešutų (jūsų pasirinkimas)
- Puodelis medaus čiobrelių
- Septynios uncijos sviesto

**INSTRUKCIJOS:**

a) Paimkite didelį dubenį.
b) Įdėkite į jį sviestą ir gerai išplakite.
c) Į sviesto dubenį sudėkite riešutus ir migdolų sirupą.
d) Gerai išmaišykite ingredientus.
e) Išklokite filo lakštus į riebalais išteptą kepimo skardą.
f) Įdėkite riešutų mišinį į filo lakštus ir uždenkite daugiau filo lakštų.
g) Kepkite pyragą apie keturiasdešimt minučių.
h) Iškepkite pyragą.
i) Ant pyrago viršaus užlašinkite medaus čiobrelių.
j) Patiekalas paruoštas patiekti.

## 98. Graikiškas migdolų tešlos pyragas

**INGRIDIENTAI:**
- Pusė arbatinio šaukštelio vanilės pupelių pastos
- Du su puse stiklinės miltų
- Pusė arbatinio šaukštelio kepimo miltelių
- Puodelis nesūdyto sviesto
- Kiaušinio trynys
- Du puodeliai cukraus pudros
- Pusė puodelio kapotų migdolų

**INSTRUKCIJOS:**
a) Paimkite didelį dubenį.
b) Į dubenį sudėkite vanilės ankšties pastą, miltus, kepimo miltelius, nesūdytą sviestą, kiaušinio trynį ir migdolus.
c) Sumaišykite visus ingredientus ir sudėkite į kepimo skardą.
d) Kepkite mišinį trisdešimt minučių.
e) Iškepkite duoną ir supjaustykite griežinėliais.
f) Duoną pabarstykite cukraus pudra.

## 99.Graikijos apelsinų žiedai Baklav a

**INGRIDIENTAI:**
- Aštuonios uncijos sviesto
- Pakuotė filo lakštų
- Šaukštelis vanilės ekstrakto
- Pusė puodelio kapotų riešutų (jūsų pasirinkimas)
- Puodelis medaus
- Puodelis cukraus
- Arbatinis šaukštelis maltų apelsinų miltelių
- Puodelis vandens

**INSTRUKCIJOS:**
a) Paimkite didelį dubenį.
b) Įdėkite į jį sviestą ir gerai išplakite.
c) Į sviesto dubenį sudėkite riešutus, apelsinų miltelius ir medų.
d) Gerai išmaišykite ingredientus.
e) Į dubenį suberkite džiovintas mėtas ir gerai išmaišykite.
f) Išklokite filo lakštus į riebalais išteptą kepimo skardą.
g) Įdėkite riešutų mišinį į filo lakštus ir uždenkite daugiau filo lakštų.
h) Baklavą kepkite apie keturiasdešimt minučių.
i) Į puodą įpilkite cukraus ir vandens ir virkite.
j) Išmuškite baklavą ir supjaustykite gabalėliais.
k) Ant baklavos viršaus užpilkite cukraus sirupą
l) Supilkite baklavą.
m) Patiekalas paruoštas patiekti.

## 100. Graikiškas medus ir rožių baklava

**INGRIDIENTAI:**
- Aštuonios uncijos sviesto
- Pakuotė filo lakštų
- Šaukštelis vanilės ekstrakto
- Pusė puodelio kapotų riešutų (jūsų pasirinkimas)
- Puodelis medaus
- Puodelis cukraus
- Šaukštelis rožių vandens
- Puodelis vandens

**INSTRUKCIJOS:**
a) Paimkite didelį dubenį.
b) Įdėkite į jį sviestą ir gerai išplakite.
c) Į sviesto dubenį sudėkite riešutus, rožių vandenį ir medų.
d) Gerai išmaišykite ingredientus.
e) Į dubenį suberkite džiovintas mėtas ir gerai išmaišykite.
f) Išklokite filo lakštus į riebalais išteptą kepimo skardą.
g) Įdėkite riešutų mišinį į filo lakštus ir uždenkite daugiau filo lakštų.
h) Baklavą kepkite apie keturiasdešimt minučių.
i) Į puodą įpilkite cukraus ir vandens ir virkite.
j) Išmuškite baklavą ir supjaustykite gabalėliais.
k) Ant baklavos viršaus užpilkite cukraus sirupą
l) Supilkite baklavą.
m) Patiekalas paruoštas patiekti.

# IŠVADA

Baigdami kelionę per saulės nušvitusius „Graikų kalba: kasdieniai receptai su graikiškomis šaknimis" puslapius, tikimės, kad savo virtuvėje pajutote graikų virtuvės magiją. Kiekvienas receptas šiuose puslapiuose liudija nesenstančią Viduržemio jūros regiono skonių žavesį, kur paprastumas susilieja su rafinuotumu, o kiekvienas valgis tampa švente.

Nesvarbu, ar mėgavotės guodžiančiais mussakos sluoksniais, mėgavotės graikiškų salotų gaivumu, ar baklavos saldumu, mes tikime, kad šie 100 receptų įnešė į jūsų namus Graikijos skonį. Be ingredientų ir technikos, galbūt pajutote graikų svetingumo šilumą ir džiaugsmą, kurį teikia dalinantis skaniais patiekalais su artimaisiais.

Toliau tyrinėjant Viduržemio jūros kulinarinius turtus, „graikų kalba" gali įkvėpti jūsų kasdieniniam gaminimui Graikijos dvasia. Nuo alyvmedžių giraičių iki žydros jūros – tegul jūsų virtuvėje tvyro graikiškos virtuvės esencija, kurdama džiaugsmo, ryšio ir skanių atradimų akimirkas. Opa, ir sveikiname su nesibaigiančiais graikiško maisto gaminimo malonumais!

www.ingramcontent.com/pod-product-compliance
Lightning Source LLC
Chambersburg PA
CBHW071902110526
44591CB00011B/1513